SUSANNE PREUSKER

Sieben Stunden im April

GOLDMANN
Lesen erleben

Susanne Preusker

Sieben Stunden im April

Meine Geschichten vom Überleben

Mit einem Vorwort
zur Taschenbuchausgabe

GOLDMANN

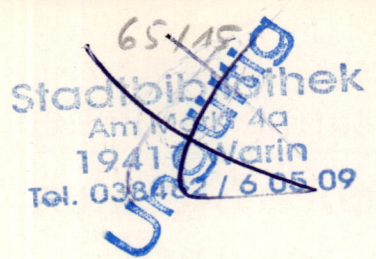

Verlagsgruppe Random House FSC-DEU-0100
Das FSC®-zertifizierte Papier *Holmen Book Cream* für dieses Buch
liefert Holmen Paper, Hallstavik, Schweden.

2. Auflage
Taschenbuchausgabe April 2013
Wilhelm Goldmann Verlag, München,
in der Verlagsgruppe Random House GmbH
Copyright © 2011 der Originalausgabe
by Patmos Verlag der Schwabenverlag AG, Ostfildern
Umschlaggestaltung: UNO Werbeagentur, München,
in Anlehnung an die Gestaltung der Originalausgabe
(Finken & Bumiller, Stuttgart)
Umschlagfoto: an.ma.nie/photocase.com
KF · Herstellung: Str.
Druck und Einband: GGP Media GmbH, Pößneck
Printed in Germany
ISBN: 978-3-442-15748-8

www.goldmann-verlag.de

Für alle,
die sich plötzlich ungewollt
in einem anderen Leben wiederfinden.
Für Wolfram und für David.

Und für mich.

Inhalt

Ein Wort zuvor

Vor eineinhalb Jahren ist mein Buch *Sieben Stunden im April* erschienen und auch heute noch wäre es mir lieber, ich hätte es nie schreiben müssen. Das Buch hat mir einen gewissen Grad an Bekanntheit eingebracht. Und ja – ich hätte es vorgezogen, mit einem sensationellen Roman oder einem bahnbrechenden Fachbuch bekannt zu werden. Oder gar nicht.

Ob ich es je bereut hätte, meine Geschichten vom Überleben zu Papier und dann an die Öffentlichkeit gebracht zu haben, bin ich zwischenzeitlich häufig gefragt worden. Ob es nicht quälend gewesen sei, infolge der Diskussion um die *Sieben Stunden im April* meine Geschichte wieder und wieder zu erzählen. Ob es nicht hilfreicher gewesen wäre, das Thema ruhen zu lassen. Zu vergessen, was passiert sei. Ob es nicht geschmerzt hätte, die eigene Privatsphäre aufzugeben. Aus vielerlei Gründen kann ich diese Fragen verneinen.

Zunächst: Für mich gibt es den Luxus des Vergessens nicht. So oder so nicht. Auch wenn der April 2009 mittlerweile längere Zeit zurückliegt, sind diese sieben Stunden immer da. Sie begleiten mich, auch wenn ich sie nicht ständig spüre. Sie sind da, wenn ich plötzlich meine, mich in abgeschlossenen Räumen zu befinden. Sie sind da, wenn ich durch Tunnel fahre. Sie sind da, wenn ich bestimmte Geräusche höre, Filmszenen sehe, Gerüche wahrnehme. Sie sind da, wenn mir in der Einkaufszone ein bestimmter Typ Mann begegnet. Sie machen mir keine große Angst mehr, diese Erinnerungen an die sieben Stunden, aber sie lassen mich auch nicht los. Sie sind bei mir und Teil von mir und haben es sich in dem Rucksack, den ich durch mein Leben trage, ziemlich gemütlich gemacht. Und zwar ohne danach zu fragen, ob mir das gefällt. Daher gibt es kein Vergessen. Vielleicht gäbe es ein Verdrängen, aber diese Lösung habe ich nie in Betracht gezogen. Wenn es denn eine Lösung ist. Und eigentlich wüsste ich auch gar nicht, wie ich das anstellen sollte, dieses Verdrängen. Wie geht das?

Ansonsten darf ich meinen Mann zitieren, den Sie auf den nächsten Seiten ja noch näher kennenlernen werden. Von ihm stammt die launige Bemerkung: *Vielleicht kann man ein Trauma auch dadurch bearbeiten, dass man so oft darüber redet, bis man es selber nicht mehr hören kann.* Gar nicht mal so dumm, dieser Gedanke.

Ich zumindest habe durch die Veröffentlichung meiner Geschichte eine heilsame Distanz gewonnen, wobei ich jedoch nicht den Eindruck erwecken möchte, damit eine allgemeingültige Strategie propagieren zu wollen. Wahrscheinlich gibt es so viele Bewältigungsstrategien für Gewalterfahrungen, wie es auch Betroffene gibt. Was es sicher nicht gibt, sind Patentrezepte. Wenn ich aber eine Botschaft habe, die mir am Herzen liegt, dann ist es folgende: In dem Maße, in dem es mir gelungen ist, meine Scham abzulegen, bin ich genesen. Scham muss man sich leisten können. Ich konnte es nicht. Natürlich war der Preis, intime Einblicke gewähren zu müssen, hoch. Aber der Preis, den ich für ein verschämtes Abducken ins Private entrichtet hätte, wäre längerfristig ungleich höher ausgefallen. Mein Stolz, meine Würde, meine Stärke, meine Autonomie, meine Selbstsicherheit – das wären die Münzen gewesen, mit denen ich gezahlt hätte. Und eine letzte Bemerkung dazu: Spätestens in dem Moment, als ich unter den Augen der Öffentlichkeit, vertreten durch zahlreiche Medienvertreter, im Krankenwagen aus der Justizvollzugsanstalt gefahren wurde, war meine Privatsphäre nicht mehr privat. Gewollt habe ich das nie.

Nach meiner Entscheidung, offensiv mit dem, was geschehen ist, umzugehen, zu agieren, statt zu reagieren, war das Interesse der Medien an mir und meiner Geschichte groß. Natürlich war es das – Verbrechen verkauft sich eben. Wem sollte man das vorwerfen. Und ich bin froh, heute sagen zu können, dass mir bislang niemand aus der Medienwelt begegnet ist, der sich grenzverletzend oder in irgendeiner anderen Art meiner Familie oder mir gegenüber ungebührlich verhalten hätte. Mag sein, dass es solche Typen gibt – getroffen habe ich sie bisher nicht, was auch daran liegen mag, dass ich in der Wahl meiner Gesprächspartner eine gewisse Sorgfalt und Vorsicht habe walten lassen.

Wie sieht mein Leben heute aus?

Ich stehe morgens auf, koche, wische das Bad, treffe mich mit Freunden, kaufe ein, tausche die Schuhe um, die doch nicht passen, vergesse Zahnarzttermine, lache, streite, telefoniere, bin wütend, manchmal auch traurig, erkläre meinem Mann, wie die neue Beule ins Auto gekommen ist, gieße Blumen, gucke fern, höre Musik, dusche, hole die Post, bespaße den Hund, blättere die Zeitung durch, mache die Wäsche, bügele wenig begeistert, besorge Geburtstagsgeschenke, fahre ans Meer, sammele Kastanien, schreibe Bücher und mache auch ansonsten noch dies und das. Mit anderen Worten: Ich führe ein relativ normales Leben, manchmal langweilig, manchmal aufregend, aber immer relativ normal. Zumindest habe ich deutlich mehr gute als schlechte Tage. Und spätestens, nachdem Sie das Buch gelesen haben, werden Sie wissen, dass das auch schon mal ganz anders war.

Heute, im Winter 2012, halte ich mich für einen recht zufriedenen Menschen. Und für einen Menschen, der ganz, ganz viel Glück gehabt hat.

Unmittelbar nach den Ereignissen im April 2009 hat eine Bekannte zu mir gesagt: *Toll – jetzt kannst du den ganzen Tag nur*

machen, was du willst. Jetzt kannst du dich ganz auf dich konzen-
trieren. Jetzt hast du endlich mal Zeit. Damals habe ich nicht verstanden, was sie meinte. Ich verstehe es heute immer noch nicht.
Als zufrieden darf ich mich trotzdem bezeichnen.

Manchmal und meistens, wenn ich gar nicht damit rechne,
winkt mir mein altes Leben noch zu. Das sind dann die weniger
guten Momente. Ich winke zurück, aber ich weine nicht mehr.

Ob mein weiterer Weg für mich vorsieht, wieder als Psychologin
zu arbeiten, lasse ich Sie in dem Vorwort zu einem meiner nächsten
Bücher wissen. Zurzeit ist diese Vorstellung immer noch sehr weit
entfernt und fühlt sich fremd an. Doch ich erlaube der Zeit weiter,
sich um mich und meine Zukunft zu kümmern.

Nach dem Erscheinen der *Sieben Stunden* haben mich zahlreiche
Zuschriften und E-Mails von Leserinnen und Lesern erreicht, die
ich größtenteils nicht beantwortet habe. Nicht beantworten konnte,
weil mir die Worte fehlten. Ich möchte diese Gelegenheit nutzen,
mich bei all den Menschen zu bedanken, die mir so viel Zuspruch,
Freundlichkeit und Vertrauen haben zuteilwerden lassen. Damit
hätte ich nie gerechnet.

Nicht gerechnet hätte ich auch damit, dass mir eine Leserin völlig empört ein Exemplar meines Buches zuschickt: Nein. So etwas
dürfe man nicht schreiben und erst recht nicht veröffentlichen. Auf
gar keinen Fall. Das, was sie da erworben und gelesen habe, dulde
sie jedenfalls weder in ihrem Hause noch in ihrem Buchregal. Ich
möge damit bitte tun, was ich für richtig hielte, behalten wolle sie
es jedenfalls nicht. Mit freundlichen Grüßen.

Wie ich eingangs sagte:

Ja, mir wäre es auch lieber, ich hätte es nie schreiben müssen.

Susanne Preusker   Magdeburg, im Winter 2012

Prolog

Er reißt an der Befestigung der Jalousie. Er will sie runterlassen, die weiße Jalousie mit den schmalen Lamellen. Seit fast fünf Jahren hängt sie vor diesem Fenster. Runtergelassen habe ich sie noch nie. Er reißt und zerrt. Irgendetwas an der Befestigungsvorrichtung gibt nach. Die Jalousie hängt schräg im Fenster. Er zerrt. Erst in die eine, dann in die andere Richtung.

Auf der Fensterbank steht ein Foto in einem schmalen Holzrahmen. Die Jalousie wird auf diesen Rahmen fallen. Das lässt sich gar nicht verhindern. Das Bild wird kippen, umfallen, vielleicht auf den Boden. Er zerrt weiter. Erst in die andere, dann in die eine Richtung.

Lieber Gott, lass das Bild nicht umfallen. Lieber, lieber Gott, bitte, bitte, bitte, gib mir ein Zeichen. Mach, dass das Bild stehen bleibt. Dann schaffe ich es. Fällt es um, war es das für mich. Dann werde ich hier in diesem Raum sterben. Bitte, bitte, bitte, gib mir ein Zeichen, lieber Gott, bitte. Lass das Bild stehen bleiben. Bitte. Lass es nicht umfallen. Gib mir doch bitte dieses Zeichen. Lass mich doch nicht ganz alleine. Bitte.

Er zerrt. Die Jalousie bewegt sich. Gibt nach. Er zerrt weiter. Sie kracht runter. Erst auf das Bild, dann auf die Fensterbank. Der Holzrahmen kippelt bedenklich.

Bitte, bitte, bitte nicht.

Das Bild bleibt stehen. Auf der Fensterbank. Dahinter die weißen Lamellen der Jalousie.

Das Nachwort als Vorwort

Wahrscheinlich gibt es nicht viele Bücher, Romane, Erzählungen, Essays, die mit dem Nachwort beginnen. Aber wahrscheinlich gibt es auch nicht viele Autorinnen oder solche, die sich dafür halten, die eine klare Vorstellung davon haben, wie sie in der NDR Talk Show ihr Sensationswerk vorstellen, ins kleine Schwarze gewandet, bescheiden, aber selbstsicher auftretend. Und die gleichzeitig überhaupt keinen Plan haben, wie sie dieses Ziel genau erreichen können. Menschen, den Kopf voller Ideen, Fragmenten, Kapitelüberschriften, Buchtiteln, Bildern, aber unfähig, dieses Knäuel zu entwirren, um den Anfang zu finden.

So bin ich. Beseelt vom Wunsche, eine richtig gute Geschichte zu erzählen. Und völlig unfähig, zugunsten des Ziels – NDR Talk Show, Buchvorstellung, Weißweinglas in der Hand, im kleinen Schwarzen kluge Dinge sprechend – Ordnung in den Kopf zu bringen oder auch nur so etwas wie Disziplin an den Tag zu legen. Oder, noch einfacher, nur anzufangen. Irgendwie. Mit irgendwas.

Vor vielen Jahren hat mir ein erfahrener Berufskollege einmal geraten, einen schwierigen und komplizierten Sachverhalt, der sich nicht auf das Papier zwingen lassen wollte, dergestalt auszutricksen, dass ich den letzten Satz, das Ergebnis, auf das ich zusteuern will, zuerst aufschreibe. Diese Methode hat geklappt und sich auch in der Folgezeit noch oftmals bewährt. Aha. Warum sollte das dann bei einem Buch nicht funktionieren?

Ich werde jetzt also anfangen, meine Geschichte zu erzählen, ohne genau zu wissen, wie. Mir ist unklar und auch völlig egal, welchem literarischen Genre diese Geschichte zugeordnet werden kann. Mir ist egal, wie lange es dauert. Mir ist eigentlich sogar egal, ob sie jemals verlegt wird. Wichtig ist nur, dass ich anfange – sonst werde ich nie im kleinen Schwarzen in der NDR Talk Show sitzen, soviel steht fest. Ich erzähle jetzt eine kleine Geschichte. Und dann noch eine. Und noch eine. Und mit etwas Glück und Durchhaltevermögen fügt es sich vielleicht zu einem verständlichen Ganzen, zu meiner Geschichte, zu meinem Buch vom Überleben.

Natürlich habe ich Sorge, ein weiteres Werk aus der Rubrik »Bücher, die die Welt nicht braucht« ins Leben hinauszuschicken. Ich werde trotzdem schreiben, auch wenn die Welt vielleicht auf das, was ich zu sagen habe, verzichten kann – ich kann es nicht. Ich brauche es, zu schreiben, zu erzählen, mich auf diesen Weg zu begeben. Und im Moment ist das das Einzige, was zählt.

Kein Nachwort ohne Danksagung. Ich danke meinem Mann und meinem Sohn, die mir das Überleben ermöglicht haben und für die es sich gelohnt hat und immer noch lohnt. Außerdem danke ich den *Böhsen Onkelz* für die folgenden großartigen Zeilen:

Nichts hat Bestand, nicht mal das Leid, und selbst die größte Scheiße geht mal vorbei. Lass es zu, dass die Zeit sich um dich kümmert, hör mir zu, mach es nicht noch schlimmer, denn es gibt 'nen neuen Morgen, 'nen neuen Tag, ein neues Jahr. Der Schmerz hat dich belogen, nichts ist für immer da.

Auch diese Worte haben mir beim Überleben geholfen.

Und an meine Kritiker, die ich jetzt schon habe, und an die, die ich vielleicht noch bekommen werde: »Schreibt doch eure eigenen Geschichten auf, dann seid ihr nicht auf mich angewiesen.« Das ist ein Zitat der von mir sehr geschätzten Rita Mae Brown.

Vielleicht sitzen wir uns dann eines Tages in einer Talkshow gegenüber und warten mal ab, was passiert. Das ist von mir.

Ich wäre froh und stolz, die erste Geschichte mit einem bahnbrechenden, alles bereits Gewesene in den Schatten stellenden, die Leserschaft auf ewig beeindruckenden Satz beginnen zu können. So in etwa aus der Liga eines Tolstoi mit seinem berühmten Anfang von *Anna Karenina*. Oder zumindest wie Tania Blixen: »Ich hatte eine Farm in Afrika, am Fuße der Ngongberge …«

Leider bin ich von derartigen literarischen Qualitäten Lichtjahre entfernt. Mindestens.

Mein erster Satz lautet daher schlicht und ergreifend:

Frau Hoppe macht sauber

Manchmal, wenn ich auf dem Balkon sitze oder rausgehe, um eine Zigarette zu rauchen, was auch im Winter viel zu häufig vorkommt, sehe ich, dass Frau Hoppe sauber macht. Frau Hoppes Balkon liegt, von unserem aus gesehen, über Eck schräg links in der zweiten Etage und ist sehr viel kleiner als unserer, höchstens halb so groß. Auf Frau Hoppes Balkon gibt es drei mäßig bewachsene Blumenkästen, einen kleinen Pflanzkübel mit einer vereinsamten Konifere, eine Fußmatte, daneben stehen immer ein paar dunkelgraue Hausschuhe ganz ordentlich nebeneinander, und zwei alte Holzstühle, deren weißer Lack sich von Jahr zu Jahr weiter verabschiedet. Die Stühle sind ganz akkurat links und rechts neben der Balkontür aufgestellt und verlassen, soweit ich das bislang verfolgen konnte, ihren Platz nie. Anders als die meisten der 27 Balkone unseres Innenhofs ist der von Frau Hoppe nicht mit einer im Wind knirschenden Schilfmatte abgeschirmt – das würde in diesem Fall auch nichts nützen, weil ich so oder so von oben auf den Balkon sehen kann. Keine Chance, Frau Hoppe!

Frau Hoppes Balkon wird nie von einem Sonnenstrahl getroffen, was sich durch die eigentümliche Bauweise des Gebäudekomplexes erklärt und mir wirklich leidtut, denn auf unserem Balkon scheint von mittags bis in die späten Abendstunden Sonne satt. Unser Balkon ist chaotisch-wohnlich: viele Pflanzen, Strandkorb, Sonnenschirm, Holzbank, Wassertümpel. Laternen, pausbäckige Engel, Glaskugeln. Unser zweites Wohnzimmer, stets gern genutzt, wenn es das Wetter zulässt. Genutzt zum Essen, Trinken,

Dösen, Schlafen, Lesen, Feiern, Lachen, Streiten. Und ich liebe es, grünen Nachschub aus Gärtnereien anzuschleppen. Ich liebe es, zu dekorieren und umzutopfen und zurückzuschneiden, und überhaupt verfolge ich das Ziel, unseren Balkon zu dem schönsten und wohnlichsten des Viertels zu stylen. Das hilft, die Seele zu heilen. Und, im Gegenzug, macht es ein Balkon der verwundeten Seele noch schwerer, trübe, lange Wintertage zu überstehen.

Es gibt ein chinesisches Sprichwort:

Willst du für eine Stunde glücklich sein, so betrinke dich. Willst du für drei Tage glücklich sein, so heirate. Willst du für acht Tage glücklich sein, so schlachte ein Schwein und gib ein Festessen. Willst du aber ein Leben lang glücklich sein, so schaffe dir einen Garten.

Manchmal trinke ich Rotwein, geheiratet habe ich vor gut einem Jahr, ein Festessen für Freunde mache ich selten.

Früher, in meinem alten Leben, hatte ich einen Garten.

Frau Hoppe sitzt nie auf ihrem Balkon. Auch ihre Kinder – Jungen unbestimmten Alters, zu groß für Windeln, zu klein für Pubertätspickel – habe ich noch nie auf dem Balkon gesehen. Einen Herrn Hoppe scheint es nicht zu geben. Ab und an beobachte ich Frau Hoppe, die den Balkon offensichtlich nur betritt, um das Geländer zu putzen oder Blumen zu gießen, und die sich vorher grundsätzlich die grauen Hausschuhe anzieht. Ich glaube nicht, dass sie gerne auf ihrem Balkon ist. Und nur an ganz besonders heißen Sommertagen, an denen sich die Luft im Innenhof staut, steht manchmal die Balkontür auf. Aber man hört kein Lachen, keine klappernden Töpfe, keine Musik – nichts. Auch das tut mir leid.

In unserem Innenhof gibt es viele Tauben. Riesengroße, fiese, laute, unangenehme Stadttauben. Tauben, wie es sie überall auf der Welt in allen Städten gibt. Und wie überall auf der Welt machen auch unsere Tauben viel Dreck. Und dieser Taubendreck landet zum Großteil auf dem Fensterbrett von Frau Hoppe. Ich weiß nicht, warum. Ich weiß aber, dass ich noch nie Taubendreck in solchen Mengen auf unserem Balkon vorgefunden habe, so dass es sich gelohnt hätte, zu Putzutensilien zu greifen. Anders bei Frau Hoppe. Ich kann es mir nicht erklären, wirklich nicht, doch es ist nun mal traurige Tatsache, dass der Großteil der ganzen Taubenkacke – man sollte die Dinge beim Namen nennen und auf Euphemismen wie »Taubendreck« verzichten: Gemeint ist Kacke, dann soll es auch Kacke heißen – auf Frau Hoppes Fensterbank landet. Nicht bei uns, nicht bei den anderen 25 Mietern, nein – nur Frau Hoppe hat das Problem. Leider weiß ich nicht, welcher Raum sich hinter diesem Fenster verbirgt. Aber egal, ob Schlaf-, Wohn- oder Kinderzimmer – in keinem Fall ist es besonders schön, auf eine zentimeterdicke Lage Taubenkacke zu blicken. Also macht Frau Hoppe regelmäßig sauber. Mit Putzlappen und gelben Gummihandschuhen. Und mit einem unglaublich verbitterten Gesichtsausdruck, der mich frieren lässt. Nein – eigentlich macht er mir Angst. Wie gesagt: keine Euphemismen! Und wahrscheinlich schrubbt Frau Hoppe in dem Bewusstsein, diesen Vorgang alsbald wiederholen zu müssen, was vielleicht auch nicht besonders fröhlich macht.

Nun möchte ich nicht behaupten, vor Glück zu strahlen, wenn ich Taubenkacke vom Fensterbrett kratzen müsste, bei Frau Hoppe irritiert mich aber, dass sie immer so aussieht. So verbittert, unglücklich, unfreundlich. Es ist egal, ob ich ihr in der Tiefgarage oder im Treppenhaus begegne, egal, ob morgens oder nachmittags oder abends, ob sie Tüten schleppt oder ihre Söhne an der Hand hält – Frau Hoppe sieht immer gleich verbittert aus. Oder wäre »unglücklich« zutreffender? Unterscheiden sich diese beiden Worte überhaupt? Frau Hoppe sagt auch nie

»Guten Tag«, nur manchmal nickt sie knapp. Und an vielleicht besonders schlechten Tagen kann es schon mal passieren, dass sie die Haustür direkt vor einem zuhaut. Mit Absicht, wäre zu unterstellen. Das ist Frau Hoppe.

Ich weiß nicht, welchen Beruf Frau Hoppe ausübt, ich weiß nicht, wie alt sie ist, ich weiß nicht, was mit Herrn Hoppe geschehen ist. Ich weiß nicht, wo die Liebe, deren Ergebnis zwei Söhne sind, geblieben ist oder ob es sie überhaupt jemals gab. Ich weiß eigentlich nichts von Frau Hoppe, die ich noch nie habe lachen oder auch nur lächeln sehen. Natürlich habe ich auch noch nie im Leben ein Wort mit Frau Hoppe gewechselt – wie denn auch?

Ich weiß nur, dass schräg links über Eck in der zweiten Etage die Traurigkeit und die Verbitterung wohnen. Sie sollen niemals bei mir einziehen, denn so war ich nie und so werde ich nie und so will ich nie sein. Niemand sollte so sein müssen wie Frau Hoppe.

Ich beobachte Frau Hoppe seit längerem, regelmäßiger aber erst seit April des vergangenen Jahres, das heißt, ich befinde mich gerade im zweiten Sommer mit Frau Hoppe, ihrem Balkon, ihrer Taubenkacke und ihren gelben Gummihandschuhen. Diese Frau lässt mir keine Ruhe. Vielleicht wäre sie zufriedener, wenn sie von ihrer Wohnung aus den Dom sehen könnte, aber ich glaube, das kann sie nicht. Auch das tut mir leid.

Die dicke Susanne macht Lärm

Wenn ich aus dem Schlafzimmerfenster schaue, kann ich in der Ferne die beiden Türme des Domes sehen. Je nach Wetterlage erscheinen sie ganz nah und klar oder eher fern, durch Nebel oder Regen verschwommen. Zu sehen sind sie aber immer.

Der Dom steht dort seit gut achthundert Jahren und oftmals, wenn ich aus dem Fenster sehe, staune ich darüber, was diese älteste gotische Kirche auf deutschem Boden – so heißt es – schon alles gesehen und miterlebt hat: Kriege, Wohlstand, Demonstrationen, Zerstörung, Wiederaufbau. Eigene Wunden. Eine endlose Kette sich wiederholender Ereignisse. Und stoisch wacht der Dom über allem. Ich habe mir schon oft vorgestellt, was dieses Bauwerk wohl über uns Menschen denken mag, wenn wir, gebeugt von Kummer oder Einkaufstaschen, über den Domplatz gehen. Oder weinend. Oder fröhlich. Kommen einem solchen Bauwerk unsere kleinen Leben unwichtig vor? Denken Steine? Wenn ich der Dom wäre, wäre ich nur dankbar und froh, Dom sein zu können. Ich glaube, ich hätte keine Lust zum Denken. Und nach achthundert Jahren auch nicht mehr genug Energie, um sie an kleine, flüchtige Leben zu verschwenden.

Vor drei Jahren war ich zum ersten Mal im Dom und habe eine Kerze angezündet. Nicht, dass ich besonders gläubig bin, aber dieser Akt hat so etwas Erhabenes, Mystisches. Man fühlt sich auf eine undefinierbare und wahrscheinlich auch geheuchelte Art gesegnet und mit welchem Geist auch immer verbunden. Und schaden wird es wohl nichts, dachte ich damals.

Zwischenzeitlich war ich noch oft dort, habe den Archäologen zugesehen, den Restaurateuren, habe die Orgelbauer beobachtet und die Touristen. Ich habe verfolgt, wie die Arbeiten voranschritten, war im Raum der Stille und habe dort tatsächlich den Mund gehalten. Ich habe mehrmals den Kreuzgang durchschritten, obwohl ich normalerweise einfach nur gehe, und habe irgendwann begonnen, mich im Dom zu Hause zu fühlen. Beheimatet. Aber der Akt des Kerzenentzündens hat seine Besonderheit für mich nie verloren. Ich habe Kerzen angezündet für mich, meinen Mann, meinen Sohn, meine Mutter, für Schulabschlüsse und Klassenarbeiten, für wichtige Arbeitsentscheidungen, unsere Liebe, unser aller Gesundheit. Es sind im Laufe der Zeit viele, viele Kerzen geworden. Gebetet habe ich nie. Aber leise gesprochen. Mit wem auch immer.

Zehn Tage, nachdem mein altes Leben zu Ende gegangen ist, habe ich geheiratet. Nach der standesamtlichen Trauung haben wir, die kleine, traurige, zutiefst verstörte Hochzeitsgesellschaft bestehend aus dem Brautpaar, zwei Trauzeugen nebst jeweiligem Partner, einem jungen Mann, Sohn der Braut, einem verwitweten Doktor h.c., Vater des Bräutigams, und einer verwitweten Hauptsekretärin im Ruhestand, Mutter der Braut, uns in der Marienkapelle des Doms eingefunden, um den kirchlichen Segen zu erhalten. Nein, keine kirchliche Trauung im engeren Sinne, sondern einen schlichten Segen. Ohne Orgel und sonstiges Brimborium. Die kirchliche Trauung sollte, so war es mit dem Probst abgesprochen, einige Monate später an einem anderen Ort stattfinden. Dort, wo der Bräutigam seine Kindheit verbracht hatte. Dort, wo seine Mutter begraben liegt. So war der Plan, denn die Immer-noch-Frischverliebten waren übereinstimmend der Ansicht, bestimmte Aufgaben im Leben könnten mit Gottes Hilfe besser gelingen. Die Ehe zum Beispiel. Wenn es Gott denn gibt, aber das ist ein anderes Thema.

Die Gästeliste für die große kirchliche Trauung habe ich einen Tag, bevor mein altes Leben zu Ende ging, erstellt. Die Einladungen sind jedoch nie verschickt worden. Der kirchliche Segen in der Kapelle des alten, weisen Domes, die schlichte, zu Herzen gehende Zeremonie musste fürs Erste genügen. Und soll und wird es auch. Ich erinnere mich kaum mehr an das, was in der Kapelle geschehen ist. Nur an die Worte Glaube, Liebe, Hoffnung.

Dieses ist meine zweite Ehe. Die erste war, wie so viele andere Ehen, ein langjähriger Kampf ohne Gewinner. Dann die Scheidung, dann unerwartet die neue, die große, die vielleicht ewige Liebe einer fast Fünfzigjährigen zu einem Mann, den sie nicht glaubt, verdient zu haben. Glück, Lachen, Leidenschaft, atemberaubender Sex, Heiratsantrag und ein halb gelachtes, halb geweintes JaJaJaJaJa! Ich hatte mich auf diese Hochzeit, auf diese Ehe gefreut. Auf Fahrten im Riesenrad des Lebens – und noch eine Runde und noch eine Runde und noch mal, höher, höher, schneller, viel schneller.

But if he finds you and you find him,
The rest of the world don't matter;
For the Thousandth Man will sink or swim
With you in any water.

So heißt es bei Rudyard Kipling. Ich wusste, ich hatte ihn gefunden. The Thousandth Man.

Nine hundred and ninety-nine of 'em call
For silver and gold in their dealings;
But the Thousandth Man he's worth 'em all
Because you can show him your feelings.

Nachdem mein altes Leben beendet war, habe ich meinen späteren Mann bei unserer ersten Begegnung im neuen Leben gefragt, ob er mich immer noch heiraten wolle. Er hat geantwortet: »Und nun erst recht.« Was hätte ich getan, wenn er »Nein« gesagt hätte? Ich weiß es nicht.

Im Nordturm des Domes hängt die dicke Susanne und macht Lärm. Lärmen kann sie, weil sie eine große, dicke Kirchenglocke ist. Das alles ist bei Wikipedia nachzulesen. Ich verstehe nämlich nichts von Glocken, kaum etwas von Kirchengeschichte und nur sehr wenig von Musik, von Tonleitern, von Akkorden oder was immer für den Klang von Kirchenglocken entscheidend sein mag. Aber die Vorstellung, in dieser Stadt, in der ich mich immer selbstständiger und selbstverständlicher bewege, durch den Lärm der dicken Susanne geschützt und an die vielen Kerzen, die ich angezündet habe, an den Zauber des Kreuzganges oder den kirchlichen Segen bei meiner Hochzeit erinnert zu werden, gefällt mir gut. Ich sehe den Dom von meinem Fenster aus, ich sehe ihn, wenn ich mich, aus welcher Himmelsrichtung auch immer, von ferne der Stadt nähere, und manchmal, wenn ich ihn gerade nicht sehe, höre ich den Lärm der dicken Susanne. Ich glaube, dieser Lärm ist wirklich in der ganzen Stadt zu hören, wahrscheinlich, nein: ganz bestimmt auch in der Praxis von Dr. Achtermann.

Dr. Achtermann macht gesund

An einem sonnigen Nachmittag im Mai habe ich Dr. Achtermann zum ersten Mal getroffen – er war mir vom Nachbarn eines Bruders eines entfernten Bekannten empfohlen worden. Mein Mann hat mich hingefahren und wir hatten zunächst große Mühe, das schicke Appartementhaus zu finden. Vielleicht war es auch so schwierig, weil nicht mal das Navi glauben konnte, dass es in diesem heruntergekommenen Stadtteil, voll mit halb verfallenen grauen Fabrikgebäuden, an deren frühere Aufgaben sich niemand mehr erinnern kann, einen Neubau geben sollte. Ganz zu schweigen von einem Dr. Achtermann.

Wir haben geklingelt, sind in die dritte Etage hinaufgegangen. Dann die Begrüßung. Und dann die Aufforderung an meinen Mann, wieder zu gehen. Spazieren oder Kaffee trinken. Was auch immer. Nein, ein Wartezimmer gebe es nicht.

Für das Behandlungszimmer des Dr. Achtermann gibt es nur einen treffenden Begriff: gediegen. Ich saß also in einem gediegenen Behandlungszimmer auf einem gediegenen Stuhl dem gediegenen Dr. Achtermann gegenüber und schickte mich an zu erzählen. Ich weiß nicht mehr, was ich an diesem Tag und den folgenden erzählt habe. Ich erinnere mich nicht. Aber ich erinnere mich gut an den Ausblick auf den Fluss, daran, dass ab und zu frische Blumen auf dem Tisch standen und dass Dr. Achtermann ein gut gefülltes Buchregal besaß. Manche der Bücher kannte ich. Und ich habe mich gefragt, ob die Bücher der Dekoration dienen oder ob er sie braucht, um hin und wieder etwas nachzuschlagen.

Ich habe mich auch gefragt, wie teuer die Wohnung wohl ist, ob Eigentum oder gemietet, wo Dr. Achtermann wohl studiert haben mag, wo er wohnt und vieles mehr. Keine dieser Fragen habe ich Dr. Achtermann jemals gestellt. Mir war klar, dass sich das nicht gehört.

Ich war einige Male bei Dr. Achtermann und habe erzählt. Und zwar alles Mögliche, bunt durcheinander: von meiner Kindheit, meinen Eltern, meiner Schulzeit, meinem beruflichen Werdegang, von meiner Ehe Nr. 1, meiner Ehe Nr. 2, meinem Sohn, meinen Plänen, meinen Ängsten, meinen Hoffnungen, meinen Träumen. Besonders über meine Träume hat mich Dr. Achtermann sehr gerne berichten lassen. Natürlich war ich neugierig, wie sie zu deuten seien, aber das hat mir Dr. Achtermann nie gesagt. Irgendwann hat es keinen Spaß mehr gemacht, Träume zu erzählen und zu interpretieren – alles war irgendwie falsch und gleichzeitig auch ein bisschen richtig, aber nie ganz. Dr. Achtermann war nie wirklich zufrieden, so schien es. Nicht mit meinen Antworten, nicht mit meinen Träumen, nicht mit mir.

Zu den Ängsten, die mich quälten und die ich mithilfe von Dr. Achtermann loswerden wollte, fiel ihm ein interessantes Bild ein, das er einmal auf einem Werbeplakat gesehen hatte: Ein Ritter in voller Montur sei mit einem Pferd auf einen relativ kleinen Drachen zugeritten, um ihn mit seiner Lanze zu töten. Nur der Betrachter habe aber sehen können, dass der Drache eine Handpuppe war – geführt von einem ungleich größeren Drachen, der tief in einer finsteren Schlucht auf sein Opfer, den Ritter, wartete. Ich sei der Ritter, und der kleine Drache, die Handpuppe, sei meine Angst. Was er mir damit sagen wollte, der Herr Doktor? Er wollte sagen, meine Ängste, die mich zu ihm geführt hatten, seien nicht das Problem. Ich sei das Problem. Ich, der große Drache. Ich, hinterhältig in einer finsteren Schlucht lauernd, sei das zu behebende Übel. Dieses Bild hat mich nur kurzfristig amüsiert. Eigentlich hat es mich traurig gemacht.

Dr. Achtermann hat, wenn er denn mal gesprochen hat, gerne Bilder, Sprüche, Geschichten benutzt, die ich leider oft nicht verstanden habe, die mich aber ins Grübeln gebracht oder manchmal, so wie das Bild der beiden Drachen, traurig, nie glücklich oder klüger, gemacht haben. Ich hatte weiterhin Angst, Wut, Zorn, Traurigkeit in mir. Ich konnte nicht schlafen. Ich musste Medikamente nehmen. Ich habe mein altes Leben vermisst. Das alles hat Dr. Achtermann nicht interessiert. Er wollte auch nie wissen, wie genau mein altes Leben zu Ende gegangen ist. Er ließ nur durchblicken, ich hätte es provoziert und gewollt. Zufälle gebe es nicht. Auch das hat mich traurig gemacht.

Dr. Achtermann und ich trennten uns, nachdem er mir mitteilte, ich müsse nun fünfmal wöchentlich erscheinen, wenn ich gesund werden wolle. Ich müsse mich auch auf das gediegene Sofa legen, um gesund zu werden. Dabei sei es völlig egal, ob ich das wolle oder könne – so sei die Technik und er wisse, sie sei gut. Urlaub könne ich nur nach Abstimmung mit ihm und zu vorgegebenen Zeiten machen. Meinen Einwand, ich könne mich nicht in derartige Abhängigkeiten begeben, nannte Dr. Achtermann Abwehr: »Wollen Sie denn nun gesund werden oder nicht?« Als ich ihm sagte, dass ich mir nie mehr von einem Mann sagen lasse, wo ich mich hinzulegen habe, schwieg er einfach. Aber er sagte mir voraus, dass ich ohne seine Hilfe und seine Technik scheitern werde. Das System, mein System, sei schon seit langem zum Scheitern verurteilt. Ich hätte keine Chance.

Ich habe mich bald von Dr. Achtermann verabschiedet. Ich brauchte und brauche keinen Psychoanalytiker. Ich brauche wenig, manchmal beispielsweise nur eine Flasche Olivenöl.

Olivenöl macht glücklich

Kochen macht Spaß. Kochen ist meditativ. Kochen ist kreativ. Manchmal jedenfalls. Ich bin keine begnadete, aber auch keine schlechte Köchin. Nicht, dass ich mit Begeisterung täglich ein mehrgängiges, gesundes, ökologisch und ernährungsphysiologisch beanstandungsfreies Menü auftischen würde oder könnte, aber ab und an brutzele ich gerne und probiere hin und wieder ein neues Rezept aus, wobei ich aber auch gegen einen gepflegten Gang ins Restaurant nichts einzuwenden habe. Meine bevorzugte kulinarische Richtung liegt irgendwo zwischen italienisch und thailändisch, die bodenständige deutsche Küche mag ich hingegen weniger. So habe ich zum Beispiel noch nie Kohlrouladen oder Schweinebraten gemacht. Ein Männeroberhemd habe ich übrigens auch noch nie gebügelt, und da bin ich stolz darauf, aber das ist wieder ein anderes Thema. Jedenfalls ist es mit meinen allgemeinen hausfraulichen Fähigkeiten nicht so weit her. Dies bestätigt sich täglich aufs Neue und zeigt sich auch in meiner Art der Vorratshaltung.

Öffne ich meinen Kühlschrank, findet sich immer Ketchup, Senf, Knoblauch und Licht. Der Rest kann da sein, muss aber nicht. Blicke ich in das Küchenregal, sehe ich immer Kaffee, Nudeln und gutes Olivenöl. Auch hier gilt: Der Rest kann dort stehen, muss aber nicht. Aus den genannten Zutaten lassen sich im Notfall immer Spaghetti aglio e olio zubereiten. Das geht schnell, ist unkompliziert und lecker. Ein Essen, das glücklich macht.

Im Sommer des vergangenen Jahres, an einem Tag, als ich noch über der Drachengeschichte von Dr. Achtermann brütete, musste ich feststellen, dass ich kein Olivenöl mehr hatte … *Gut. Ich gehe zum Edeka und kaufe eine Flasche Olivenöl. Nur Öl. Nichts sonst. Vielleicht noch Brot. Ich habe auch kein Brot mehr. Wir brauchen Brot und Olivenöl. Ich war noch nie in dem Laden. Na, und? Wie oft hast du schon Lebensmittel eingekauft? In allen möglichen Läden. Wo ist also das Problem? Ich kann nicht. Doch, ich will. Du musst. Das Olivenöl ist doch alle. Willst du etwa nie wieder im Leben einkaufen? Das ist doch albern. Stell dich nicht so an, verdammt noch mal. Ich kann aber nicht. Ich warte auf Wolfram und dann gehen wir zusammen. Ich hole ihn ab und dann gehen wir einkaufen. Olivenöl und Brot und alles andere, was fehlt. Nein, das tust du nicht. Du gehst los und kaufst ein. Alleine. Und zwar jetzt. Mir ist aber schlecht, ich fühle mich so benommen. Ich habe Angst. Ich kann nicht. Du machst mich wahnsinnig! Geh jetzt los und kauf das verdammte Öl. Gut. Ich gehe. Nein, ich kann nicht. Ich kann nicht dahin gehen. Da sind fremde Menschen. Der Weg ist so weit. Ich kenne den Laden nicht. Ich war noch nie dort. Mensch noch mal – du warst in zig Lebensmittelgeschäften. Was soll in dem denn so anders sein? Ich weiß nicht. Ich weiß nur, dass ich nicht kann. Doch, du kannst. Geh jetzt endlich. Ich fahre mit dem Auto. Dann geht es vielleicht. Ich nehme meine Medikamente mit, falls …. Falls was? Was soll denn passieren? Gut, dann nimm halt den Wagen. Ich könnte ohnmächtig werden, einen Panikanfall bekommen. Ach, das passiert schon nicht. Ich nehme den Wagen, im Auto fühle ich mich sicher. Aber es sind doch nur fünfhundert Meter. Ja, fünfhundert Meter auf der befahrenen Straße. Ich werde Menschen begegnen. Ich habe Angst. Fahr jetzt los. Fahr einfach los. Du weißt, das ist die einzige Möglichkeit. Fahr los. Jetzt.*

Ich bin mit dem Auto gefahren. Fünfhundert Meter mit dem

Auto. Tunnelblick. Angst. Ich werde gleich in den Laden gehen. Ich habe geparkt ...

... Ich kann da nicht reingehen. Wie soll das funktionieren? Was, wenn ich an der Kasse in der Schlange warten muss? Was, wenn mich jemand anspricht? Was, wenn es keinen Notausgang gibt? Der Laden sieht klein aus. Er hat keine Fenster. Es wird dunkel sein. Nein, es ist nie dunkel in Edeka-Läden. Das weißt du. Millionen Menschen kaufen täglich ein. Millionen Menschen passiert dabei nichts. Das weißt du. Und wenn – du hast doch deine Medikamente und auch dein Handy dabei. Jemand wird dir helfen. Nein, niemand hilft mir. Ich kann mich nur auf mich selbst verlassen. Ich habe Angst. Ich habe feuchte Hände. Mein Mund ist trocken. Mir ist schwindelig, ich fühle mich benommen. Mein Herz rast. Ich kann da nicht hineingehen. Ich kann nicht. Du musst. Du brauchst Olivenöl. Und Brot. Du musst! Geh jetzt rein. Ich habe Angst. Ich habe solche Angst. Ich werde ohnmächtig werden. Wie komme ich da wieder raus? Wo ist der Notausgang? Gibt es einen Notausgang? Was, wenn nicht? Überall gibt es Notausgänge. Du bist doch nicht alleine da drin. Das ist doch das Problem! Wer ist da noch drin? Wer kauft da noch ein? Ich verliere den Überblick. Ich finde mich nicht mehr zurecht. Ich muss nach Hause. Nein, musst du nicht. Du musst da jetzt rein und Olivenöl kaufen. Geh doch endlich ...

Raus aus dem Auto. Wacklige Knie. Alles fühlt sich taub an. Ich schwitze. Mein Mund ist trocken. Wie ein schwarzer Schlund tut sich die Tür zum Laden vor mir auf. Ich höre anders als sonst. Stimmen und Geräusche sind seltsam dumpf. Ich versuche, nicht hinzuhören, nicht zu denken, in kein Gesicht zu blicken. Ich wünschte, ich hätte einen Einkaufswagen zum Festhalten. Ich versuche, ruhig zu atmen, mich umzusehen. Wo ist das Olivenöl? Die Benommenheit wird stärker, die Angst überschwemmt mich, der Tunnelblick verengt sich. Ich sehe gleich gegenüber dem Eingang ein Regal. Senf, Ketchup, vertraute Etiketten. Namen, die ich schon mal gesehen, gelesen, vielleicht sogar eingekauft habe. Ich kann mich nicht erinnern, bin aber für Vertrautes dankbar. Ich sehe Ölflaschen. Ich sehe Olivenöl. Mehrere Marken. Ich greife irgendeine. Ich gehe zur Kasse und muss nicht anstehen. Die Kassiererin nennt einen Preis. Ich greife ins Portemonnaie und ziehe einen Schein heraus, erhalte mein Wechselgeld. Gehe zum Auto zurück. Blut rauscht in meinen Ohren lauter als je zuvor. Ich fahre fünfhundert Meter nach Hause. Ich schließe die Wohnungstür auf, gehe hinein und setze mich an den Küchentisch. Die Flasche mit dem Olivenöl ist in meiner Handtasche. Ich nehme sie raus und halte sie in den Händen. Es ist das teuerste Olivenöl, das ich je gekauft habe. Ich betrachte die Flasche und halte sie ganz fest. Ich weine. Es ist Juli 2009. Es ist der erste Einkauf in meinem neuen Leben.

Filmszene. Amerikanische Serie. Gezappt. Zufall. Ein Polizist, auf der Suche nach dem flüchtigen Täter, spricht mit einer vergewaltigten Frau: »Mir geht es doch gut. Ich sage nicht gegen ihn aus.«

»Wo arbeiten Sie?«, fragt sie der Polizist.

»Zu Hause.«

»Verstehe. Sie sind im Gefängnis und er ist draußen. Na ja. So soll es dann wohl sein.«

Ich bin glücklich, weil ich draußen war. Ich bin glücklich, weil ich Olivenöl habe. Ich werde es demnächst anbrechen, um Pilze für unsere Balkonparty einzulegen.

Bumbum macht traurig

Bumbum ist ein unglaublich fürchterliches Gesöff unter anderem
aus Wodka, Kokoslikör und Ananassaft, wobei die genauen An-
teile der Zutaten völlig egal sind – es schmeckt so oder so grauen-
haft. Bumbum erinnert mich an grässliche Oberstufenpartys in
dunklen Kellern, irgendwo auf dem Lande bei Mitschülern, deren
Eltern weggefahren waren. Düstere, geschmacklos eingerichtete,
immer muffig riechende Keller mit Eckbank und Hirschgeweih,
dazu Persiko, Bier, billiger Lambrusco aus der 2-Liter-Pulle. Und
Bumbum natürlich.

Heute, im Zeitalter des gepflegt-gekühlten Rieslings, erinnert
sich kaum jemand an Bumbum. Nur mein Mann. Und nicht
nur, dass er sich erinnert – nein, er serviert es auch zu unserer
legendären, alljährlichen Balkonparty. »Legendär« ist vielleicht
etwas übertrieben, denn eigentlich stand gerade erst die zweite
Party an, aber die erste, die noch in meinem alten Leben statt-
gefunden hatte, war so lustig und lebendig und fröhlich, dass
es zu »legendär« weder eine sprachliche noch eine inhaltliche
Alternative gibt. Also zum zweiten Mal: Grillen auf dem Balkon
bei allerschönstem Sommerwetter. Fleisch satt. Wahrscheinlich aus politisch äußerst unkorrekter Massentierhaltung, was
wir keinem erzählt haben. Es hat aber auch niemand gefragt.
Etwas Fisch. Und dazu das Übliche – Salate, Baguette, Tsatsiki,
marinierte Pilze. Bier, Wein, Wasser, alles reichlich, zu reichlich
vorhanden. Und als besonderes Highlight: Bumbum. Anstelle des
Bowlengefäßes – wer hat heute schon noch ein Bowlengefäß im

Schrank! – kommt eine Riesensalatschüssel zum Einsatz, die nur mit Mühe die große Menge Höllengesöff fasst. Und dann kann das Fest beginnen, indem zunächst jeder Gast ein Begrüßungsglas Bumbum bekommt. Und dann noch eins und noch eins und noch eins.

Im Laufe des Abends, zu vorgerückter Stunde, wird nach dem Genuss von Bier und Wein wieder auf Bumbum zurückgegriffen. Mein Mann schenkt nach, alle sind sich einig, dass es scheußlich schmeckt, trinken folgsam aus und fragen nach mehr. Ich auch. Wobei ich sagen muss, dass sich Antidepressiva nicht gut mit hochprozentigem Alkohol vertragen. Das war mir bekannt und ziemlich egal – immerhin lief gerade unsere legendäre Balkonparty. Wer mag da schon mit Wasser und einem säuerlichen Gesichtsausdruck anstoßen? Und auf was überhaupt?

Ich betrachtete unsere Gäste durch den Nebel von drei (oder vier) Gläschen Bumbum, Wein nicht mitgerechnet, multipliziert mit einem Antidepressivum mittlerer Dosis und meiner zur Gewohnheit gewordenen Erschöpfung. Sie unterhielten sich zu vorgerückter Stunde im Schein der Kerzen. Wir hatten die üblichen Verdächtigen geladen, ein paar gute Freunde.

Da waren Sabine und Peter, Kosmetikerin mit eigenem Studio und Pharmareferent. Angeblich Pharmareferent. Eigentlich weiß niemand so genau, womit Peter sein Geld verdient, aber fest steht: Er hat welches. Andrea und Herbert, (tatsächlich und nachgewiesenermaßen) Pharmareferentin und Jurist, Julia und Michael, Krankenschwester und Justizvollzugsbeamter, Saskia und Thomas, Sozialpädagogin und gelernter Schmied. Bunte Mischung, nette Leute, alle so zwischen dreißig und fünfzig – die mit »fünfzig« war natürlich ich, aber das spielt, zumindest an dieser Stelle, keine besondere Rolle.

Und sie redeten und lachten und erzählten und tranken und

waren fröhlich. Ich hörte die Geschichten, beobachtete meinen Mann, der weiter unverdrossen Bumbum aus-, ein- und nachschenkte und mitlachte und miterzählte. Geschichten von der Arbeit, von skurrilen oder auch einfach nur doofen Vorgesetzten und Kollegen, Anekdötchen von Kunden, Mandanten, Klienten, Patienten, ärgerliche Episoden, das Gerangel um Beförderung, Anerkennung, Geld. Geschichten vom Erfolg und Geschichten vom Scheitern oder auch nur von der Furcht davor. Laute Geschichten, Geschichten, die mich immer kleiner werden ließen. Ich hatte nichts zu erzählen. Ich konnte nur zuhören und fühlen, wie ich immer bedeutungsloser wurde. Immer durchsichtiger, wie ich drohte, in dieser sommerlichen Nacht auf dem Balkon zu verschwinden. In meinem alten Leben, das war mir sehr klar, wäre ich diejenige gewesen, die die lustigsten, aberwitzigsten und zweifelsohne interessantesten Geschichten zum Besten gegeben hätte. Stundenlang. Die Lacher immer auf meiner Seite. Fähig, imstande und willens ganze Partys auf das Trefflichste zu unterhalten. So war es nämlich auch bei der ersten Balkonparty, die bedauerlicherweise an dem gleichen Abend stattfand, an dem wir Karten für Nabucco hatten. Open Air. Wir sind am nächsten Tag aufgebrezelt und aufgehübscht zum Wasserschloss gefahren. Leerer Parkplatz. Typisch. Nichts los im Osten. Die Aufführung am Vortag soll toll gewesen sein, haben wir dann erfahren. Ich fand das alles witzig. Mein Mann weniger. Die Karten waren nämlich nicht billig. Er ist und bleibt halt Schwabe.

An diesem Abend, bei dieser zweiten legendären Balkonparty und der ersten in meinem neuen Leben, versank ich jedoch in einem Meer aus Selbstmitleid und Bumbum. Ich erinnere mich nicht, wie ich aus diesem trüben Meer wieder aufgetaucht bin, ich weiß nur noch, dass es mich viel, sehr viel Kraft gekostet hat.

Und Bumbum werde ich nie wieder trinken. Es passt nicht in mein neues Leben. Schließlich habe ich schon genug damit zu tun, mit der Watte fertigzuwerden.

Watte macht Angst

Es kann überall auftreten – beim Einkaufen, beim Tanken, im Gespräch mit anderen Menschen, wobei völlig bedeutungslos ist, ob es sich um Bekannte oder Fremde handelt. Es kann auftreten im Restaurant, in meiner Wohnung, beim Sport, manchmal auch, aber das ist eher die Ausnahme, wenn ich ganz alleine bin. Es kündigt sich nicht an. Es ist plötzlich da, bleibt Minuten, manchmal auch eine Stunde oder länger. Und es macht Angst. Immer.

Ich nenne es das Watte-Gefühl. Natürlich gibt es für dieses Gefühl, das keines ist, sondern eher ein Zustand, auch einen Fachausdruck. Aber erstens tut der an dieser Stelle nichts zur Sache, zweitens ist er nicht hilfreich und drittens von Leuten erfunden, die etwas zu benennen hatten, das ihnen nicht aus eigener Erfahrung, sondern nur aus Berichten von Patienten bekannt war. Ich bleibe also bei meinem Begriff, bei dem, was ich mein Watte-Gefühl nenne.

Ich will versuchen, es zu beschreiben: Eine Wand aus sehr stabiler Klarsichtfolie schiebt sich zwischen mich und meine Umwelt. Die Folie ist nicht schalldicht, ich höre, was gesprochen wird, ich höre alle Geräusche, sie sind klar und deutlich und doch seltsam gedämpft. So, als sei ich, bereits von Folie umgeben, noch in Watte eingepackt. Die Watte ist ebenfalls durchsichtig, ich sehe alles, was um mich herum passiert, gleichzeitig sind die handelnden Personen und meine Umgebung nicht erreichbar. Mein Blick verändert sich. Ich kann mich nur noch auf ein Bild konzentrieren, überblicke keine komplexeren Zusammenhänge mehr. Ich bin isoliert in meinem Folie-Watte-Paket und wundere mich, dass das niemandem auffällt. Ich kann sprechen – »Ich zahle mit EC-Karte« – und meine Stimme klingt gedämpft und so, als käme sie nicht von mir, als spräche jemand anderes meine Gedanken aus. Alles ist irgendwie gedämpft, unwirklich.

Ich weiß, dass es nur ein kleiner, leichter Schritt ist, um meinen Körper zu verlassen und mir selber von außen zusehen zu können. Ich weiß auch: Wenn ich das zulasse, verliere ich den Verstand. Ich werde dann nie wieder in meinen Körper, zu mir zurückkehren können. Dieser Zustand macht mir unglaublich große Angst. Anfänglich blieb mir nur die Flucht, weg, weg, weg, schnell weg, wie bei einem Panikanfall. Aber ich musste sehr schnell feststellen, dass weder Folie noch Watte einen Notausgang besitzen. Wenn ich weggegangen bin, habe ich alles mitgenommen. Es klebte an mir: die Folie, die Watte, die Vorstellung, gleich den Verstand zu verlieren. Wenn es dann wieder verschwunden war – ganz von alleine, mit Flucht oder ohne, ich hatte jedenfalls nichts damit zu tun –, war ich müde, erschöpft, traurig. Und hilflos. Und hatte Angst vorm nächsten Mal. Denn dass es ein nächstes Mal geben würde, war klar. Es gibt immer ein nächstes Mal. Ich hatte keine Ahnung, wie ich mit dem Watte-Gefühl umzugehen hatte. Woher denn auch? In meinem alten Leben gab es das nicht.

Im Laufe der Zeit habe ich Strategien entwickelt, das Watte-Gefühl auszutricksen. Zunächst mit einer Art innerem Dialog, einem Mantra, das ich mir unablässig vorgebetet habe:

Esistallesokay.Esistallesgut.Gleichistesvorbei.Esistallesokay. DuverlierstnichtdenVerstand.Esistallesgut.

Aufsagen. Immer aufsagen. Keine Pause machen. Aufsagen.

Das hat mir etwas geholfen. Dann habe ich begonnen, mich

im Watte-Gefühl so intensiv wie irgendwie möglich auf meine Umgebung zu konzentrieren. Ganz einfach und doch so schwer: *Deine Füße stehen auf dem Boden. Spüre den Boden. Auf dem Haus steht die Nummer 23. Die Buchstaben sind schwarz und aus Metall. Die Kassiererin trägt einen schmalen goldenen Ehering. Es regnet, aber es geht kein Wind. Das Lenkrad vom Auto ist aus Leder und fühlt sich kühl an.* Zum Beispiel. Auch das hat etwas geholfen.

Am hilfreichsten war aber die Gewissheit, dass es vorbeigehen wird. Es gibt immer ein nächstes Mal, aber jedes nächste Mal geht vorbei. Und wieder und wieder und wieder. Es geht vorbei, ich verliere nicht den Verstand, das Watte-Gefühl ist unangenehm und angsteinflößend, aber normal. Es ist normal, in unnormalen Lebenssituationen unnormal zu reagieren. Hilfreich war auch die Einsicht, das Watte-Gefühl niemandem erklären zu können oder zu müssen. Wer sollte das verstehen? Der Satz »Mir geht es gerade nicht so gut« musste im Ernstfall reichen. Alles andere wäre eine Zumutung für die Gesunden gewesen, die zwangsläufig auf geheucheltes Verständnis hätte hinauslaufen müssen. Im Ergebnis geht diese ganze Angelegenheit nur mich und mein Watte-Gefühl etwas an, wir haben das zusammen durchzustehen.

Das Watte-Gefühl war irgendwann nicht mehr mein Feind, sondern eine Art Kumpan in meinem neuen Leben. Ein Begleiter, den ich auch heute noch nicht besonders schätze, der aber nun, ob ich will oder nicht, da ist. So wie ein unerfreulicher Nachbar, ein nervtötender Arbeitskollege oder unangenehme Verwandte, die man sich ja auch nicht aussuchen kann. Vielleicht will es mich warnen oder schützen oder klüger machen. Ich weiß es nicht. Aber seitdem ich es nicht mehr als Feind betrachte, kommen wir besser miteinander klar. Und – in letzter Zeit besucht es mich immer seltener. Aber hin und wieder kommt es, um seiner

Schwester, der Panik, zu helfen. Wenngleich auch das seinen Sinn haben mag, sind diese Doppelbesuche nur schwer, eigentlich gar nicht zu ertragen. So wie neulich im Parkhaus.

Mairegen macht schön

Ich bin eine gute und erfahrene PKW-Fahrerin. Klar, das sagen alle von sich, auch die, die erst bremsen und dann blinken. Oder diejenigen, die die mittlere Spur der von mir so gehassten A2 blockieren, indem sie versuchen, mit 100 km/h polnische LKW zu überholen, die 103 km/h fahren. Dieses Spiel heißt übrigens »Wir produzieren einen Stau«. Aber wie dem auch sei – ich darf mich schon deswegen als gute Autofahrerin bezeichnen, weil ich einige Jahre Taxi gefahren bin. Noch Fragen?

Ich fahre fast jedes Auto fast überallhin. Nur Parkhäuser habe ich noch nie gemocht. Die Gründe liegen auf der Hand: an die Schranke fahren, Fenster runter, Ticket ziehen. Natürlich steht man zu weit vom Druckknopf weg, also zurücksetzen, was aber so gut wie nie geht, weil natürlich ein anderes Auto schon hinter einem wartet, Kerl am Steuer, genervter Blick. Dann also Tür auf und versuchen auszusteigen, was aber auch so gut wie nie funktioniert, weil der Abstand nun auch wieder nicht so groß ist, dass die Tür geöffnet werden könnte. Dann bleibt nur noch die letzte Variante: Fenster ganz auf, abschnallen und sich so weit hinauslehnen, dass Pilates ein Scheißdreck dagegen ist. Aber wohl dem, der Pilates beherrscht – alle anderen sind an dieser Stelle wirklich gekniffen. Doch Pilates hin oder her – besonders elegant sieht das jedenfalls nicht aus. Aber das ist ja immer der Anfang. Das dicke Ende kommt erst danach: Parkplätze, die zu eng sind, meterdicke Betonpfeiler, die sich an den absolut falschen Stellen aus dem Nichts heraus materialisieren, andere Autofahrer, die wahl- und gerne auch lichtlos zurücksetzen, verloren gegangene Parktickets und so weiter und so fort. Doch leider kommt man manchmal um die Sache nicht herum.

An einem Tag, an dem ich zaghaft dachte, ich sei vielleicht doch in meinem neuen Leben angekommen, musste ich einen Leihwagen aus Gründen, die zu einer anderen Geschichte gehören, in eine mir unbekannte Tiefgarage fahren. Währenddessen wartete eine Freundin vor dem Gebäude der Leihwagenfirma auf mich, um mich mit ihrem Auto wieder zurück nach Hause zu bringen. Es war der Erste Mai, der letzte sonnige Tag vor einer Reihe verregneter Wochen. Und dieser Erste Mai sollte einer der schwärzesten Tage in meinem neuen Leben, in dem ich eben doch noch nicht angekommen war, werden.

Das kann ja nun wirklich kein Problem sein, dieses Auto irgendwo da drinnen zu parken. Einfach kein Problem. Anja wartet auf dich. Nun mach. Die Einfahrt sieht dunkel aus, wie ein finsterer Schlund. Sei nicht albern, es ist nur eine blöde Tiefgarage. Hast du feuchte Hände? Nein. Na also. Geht doch. Da ist das Ticket, Schranke hoch, fahr zu. Warum geht das gleich so steil nach unten? Warum ist das hier so eng? Und so dunkel. Es ist so dunkel hier. Diese Mauern. Was für eine ätzende Einfahrt. Ich sehe nicht, was hinter der Kurve kommt. Ich muss hier wieder raus. Aber wie? Ich komme nicht raus. Ich muss jetzt da runter. Ich muss. Hier kann ich nicht wenden. Auf gar keinen Fall. Ich kann auch nicht rückwärts zurück. Ich muss runter. Bestimmt sind da gleich die Sixt-Parkplätze. Sie müssen einfach auf der nächsten unteren Ebene sein. Nein, sind sie nicht. Ich muss weiter runter. Hier ist kein Licht. Ich sehe keinen Ausgang. Es gibt keine Fenster. Ich bin unter der Erde. Ich muss noch tiefer unter die Erde. Noch eine Etage tiefer. Ich kann nicht. Ich muss raus hier. Ich bekomme keine Luft. Meine Hände. Meine Hände sind nass. Ich kriege keine Luft. Ich ersticke.

Ersticke ich? Nein. Nein. Nein. Du erstickst nicht. Niemand erstickt in einer Tiefgarage. Das ist doch Quatsch. Fahr. Fahr zu. Du bist jetzt ganz unten, tiefer geht es nicht. Hier müssen irgendwo die Parkplätze sein. Konzentrier dich. Ich kann nicht. Ich muss hier weg. Du kannst nicht weg. Park dieses verdammte Auto. Wo? Wo denn nur? Dahinten ist ein Schild. Ich muss in die hinterste Ecke. Keine Fenster. Keine Luft. Ich bin allein und verlassen. Ich habe Panik. Meine Beine sind ganz weich. Sie werden mich gleich nicht tragen können. Ich kann nicht mehr. Warum holt mich niemand hier raus? Anja wartet. Anja wartet draußen. Park den Wagen jetzt. Fahr in die dunkle Ecke, park das Auto und verschwinde hier. Ja. Ja. Ich habe das Auto geparkt. Jetzt steige ich aus. Langsam. Es hat keinen Zweck zu rennen. Ich kann nicht rennen. Ich bekomme doch keine Luft. Es ist so dunkel hier. Ich habe Angst. Wo ist der Ausgang? Ich sehe keine Treppe. Dieses Geräusch von den Ventilatoren, es ist so laut. Warum gibt es hier kein Fenster? Ich bin tief unter der Erde. Ganz allein. Mir ist übel. Wieder dieses Rauschen in den Ohren. Ist es mein Blut oder sind es die Ventilatoren? Wo ist der Ausgang? Bitte, bitte, bitte, lieber Gott, lass mich doch bitte den Ausgang finden. Da. Da ist eine Tür. Dahinter ein Aufzug. Nicht auch noch in den Aufzug. Das schaffe ich nicht mehr. Du musst. Du willst raus, und das ist der einzige Weg. Geh zum Aufzug. Er bringt dich nach oben. Gut. Gut. Das mache ich. Ich will raus. Nur raus. Ein Zettel am Aufzug. Außer Betrieb. Nein. Das halte ich nicht aus. Ich muss doch raus, ich kann mich kaum mehr auf den Beinen halten. Wie komme ich hier raus? Es muss doch noch einen Ausgang geben. Siehst du einen? Nein. Du hast dein Handy in der Tasche. Atme ruhig. Atme ganz ruhig weiter. Ruf Anja an. Sie soll kommen. Sie soll dich holen. Ich bin doch unter der Erde. Hier habe ich bestimmt keinen Handy-Empfang. Und wenn das so ist, will ich es nicht wissen. Nicht das Handy anschauen. Es wird mir sagen, wie

alleine ich bin. Ich will raus. Der Boden gibt nach. Ich habe Angst,
ich habe keine Luft zum Atmen in dieser Dunkelheit. Dahinten. Da
kommt jemand. Da kommt ein Mann. Er kommt auf mich zu. Oh
Gott, er kommt direkt auf mich zu …

Ich weiß nicht mehr, wie ich aus der Tiefgarage rausgekommen bin. Ich erinnere mich nicht, aber offensichtlich muss es mir ja irgendwie gelungen sein. Ich kann mich nur noch dunkel daran erinnern, dass mich der Fremde angelächelt hat. Warum, weiß ich nicht. Es ist mir auch egal. Kein Mann sollte eine Frau in einer Tiefgarage anlächeln. Ein neues Leben macht böse und ungerecht. Ich sehe es wie ein Foto oder ein Standbild vor mir: das Lächeln eines fremden Mannes in der Tiefgarage, unterste Ebene. Und dann muss ich wohl irgendetwas getan, eine Entscheidung getroffen haben, die mich herausgebracht hat. Ich bin dann, das weiß ich wieder, in Anjas Auto eingestiegen und völlig verstört, zitternd zu mir gekommen. Anja war entsetzt und sagte, sie hätte mich nicht allein dort hineinfahren lassen dürfen. Das ist Quatsch. Anja trifft keine Schuld. Schuld hat der, der mir mein altes Leben genommen hat. Sonst niemand.

Als ich endlich zu Hause war, war ich müde, so müde. Ich habe lange geschlafen in den Nachmittagsstunden dieses Ersten Mais, der mir vor Augen geführt hatte, wie fremd und gefährlich sich mein neues Leben noch anfühlen konnte, dass ich noch lange nicht in ihm zu Hause war.

Später am Abend hat es angefangen zu regnen und es sollte lange nicht mehr aufhören. Mairegen macht schön, ist ein geflügeltes Wort meiner Mutter.

Ob bei mir der Mairegen jemals geholfen hat, weiß ich nicht. Aber Frau Bäcker-Rode ist eine schöne Frau. Und klug ist sie auch.

Frau Bäcker-Rode macht keine Kompromisse

Frau Bäcker-Rode habe ich im Sommer des Jahres kennengelernt, in dem mein altes Leben zu Ende gegangen war. Ich traf sie zum ersten Mal einige Wochen nach der Drachengeschichte von Dr. Achtermann und wenige Tage nach der Balkonparty. Es war ein Google geschuldeter Zufall und das erste Telefonat könnte ich immer noch wortwörtlich wiederholen. Ich habe ihr kurze Informationen über mein altes und mein neues Leben gegeben. Ich habe ihr gesagt, ich sei keine ideale Patientin. Ich habe ihr auch gesagt, dass ich Hilfe brauche. Dringend. Wenige Tage später saß ich in ihrer Praxis: »Es geht mir schlecht.« Ich habe geweint, nach langer Zeit kamen Tränen aus der Starre und Taubheit. Und viele weitere Termine und viele weitere Tränen folgten.

Frau Bäcker-Rode ist schwer zu beschreiben. Es reicht, dass ich sie schön und klug finde und dass sie eine tiefe, raue Troststimme hat. Viel zu tief und viel zu rau für ihre Statur, für ihr Gesicht, aber genau richtig für ihren Job. Andere Frauen mit solchen Stimmen werden Sängerinnen. Auch das tröstet.

»Sagen Sie nicht immer, dass ich ein Opfer bin.«

»Sie sind ein Opfer.«

»Nein. Bin ich nicht.«

»Wie würden Sie das denn nennen?«

»Ich bevorzuge den Ausdruck Geschädigte. Oder Überlebende. Ich habe das überlebt, wissen Sie. Darauf könnte ich eigentlich stolz sein. Ich bin aber kein Opfer.«

»Ja, darauf können Sie stolz sein.«

»Opfer. Das klingt so nach Demütigung, nach Hilflosigkeit, danach, dass jemand Schutz benötigt.«

»Ja, so klingt es.«

»Mich kotzt dieses Wort ›Opfer‹ an. Ich will kein Opfer sein.«

»Es ist völlig egal, wie Sie das nennen. Klar ist, Sie sind gedemütigt, hilflos und Sie brauchen Schutz. Ob es Ihnen passt oder nicht: Sie sind ein Opfer. Auch wenn Sie es anders nennen möchten, werden Sie damit nichts an den Tatsachen ändern.«

So ist Frau Bäcker-Rode. Frau Bäcker-Rode macht keine Kompromisse, Frau Bäcker-Rode ist immer da, wenn ich sie brauche, Frau Bäcker-Rode ist die Ereignisse, die mein altes Leben zunichtegemacht haben, wieder und wieder mit mir durchgegangen. Die längste Therapiesitzung hat vier Stunden gedauert, in denen Frau Bäcker-Rode keine Sekunde in ihrer Aufmerksamkeit nachgelassen hat. Ich weiß nicht, was sie an diesem Tag noch gemacht hat. Ich bin jedenfalls im Anschluss nach Hause gefahren, habe mich trotz Navi und relativ guter Ortskenntnisse verfahren, mich mit meinem Mann gestritten und wortlos und sauer Sauerfleisch zubereitet. Ich war am Ende. Mal wieder. Schon wieder.

Frau Bäcker-Rode ist geduldig mit mir, aber nie schonend, ich schäme mich nie vor ihr, aber manchmal verwünsche ich ihre Direktheit, ihre Unerbittlichkeit, ihre eiserne Härte im Kampf gegen die Dämonen in meinem Kopf, in meinem Herzen, in meiner Seele. Ich weiß, sie würde nie etwas tun, was mir schadet. Ich weiß aber auch, sie würde nie etwas tun, was mir nichts nützt. Und da macht sie keine Kompromisse.

Wir waren zusammen im Kaufland. Kaufland – mein Lieblings-Supermarkt, den ich in meinem neuen Leben noch nie alleine betreten hatte. Das war aus mehreren Gründen schlecht: Zum einen gibt es nur im Kaufland Utensilien für die gehobene asiatische Küche, zum anderen gibt es nur im Kaufland diese hochinteressanten Tchibo-Artikel, die kein Mensch braucht, aber jeder haben will. Ich auch. Außerdem konnte ich doch nicht allen Ernstes meiner Angst gestatten, mir den Zugang zu einem Supermarkt zu verwehren.

Andererseits: Kaufland ist ein großer, ein sehr großer Laden. Notausgänge sind vorhanden, doch, so scheint es, abgeschlossen. Wie sollte es auch anders sein – sonst könnte ja gleich ein Plakat aufgehängt werden: Ladendiebe nebst Beute bitte hier entlang. Immer nur ein Dieb pro Ausgang, bitte!

Das Schlimmste war aber, dass sich direkt am Eingang eine große Verkaufswand mit Sekundenkleber, Modellkleberfläschchen und allerlei anderen Dingen für den Bastelbedarf befand. Dort vorbeizugehen hieß, den Überblick zu verlieren. Dort vorbeizugehen bedeutete, eine Wanderung auf dem schmalen Grat zwischen altem und neuem Leben. Ohne Chance, im alten zu landen, wenn ich fiel.

Sekundenkleber, Modellkleberfläschchen, buntes Klebeband – geradezu lächerlich alltägliche Gegenstände, die ihre Unschuld in dem Moment verloren hatten, als der, der mir mein altes Leben genommen hat, mich damit bedrohte. Dort vorbeizugehen hieß daher, das Watte-Gefühl durch den Laden tragen zu müssen, die Folie zwischen mir und allen anderen Menschen. Zwischen mir und dem Reis, den Nudeln, dem Käse, der Zahnpasta, dem Bier. Das Watte-Gefühl und die Angst, den Verstand und die Kontrolle zu verlieren, in der Warteschlange an der Kasse.

Frau Bäcker-Rode und ich waren im Kaufland. Lange. So lange, bis ich den Überblick wiedergefunden hatte. Wir standen vor dem Regal mit den Alleskleber und vor dem mit den asiatischen Lebensmitteln. Wir standen vor den Tchibo-Sachen und vorm Klopapier. Wir standen so lange in dem Laden herum, bis ich mich fragte: »Was, um Himmels willen, tust du hier eigentlich?«

Bis es mir einfach zu blöde wurde. Seit diesem Tag war ich noch oft alleine dort und habe eingekauft. Es ist nicht immer einfach, aber es wird immer einfacher.

Und gemeinsam mit Frau Bäcker-Rode habe ich Stunden im Parkhaus verbracht, bin rein- und rausgefahren, habe eingeparkt, ausgeparkt, immer wieder. Bis mir auch das zu blöde wurde. Ich fahre immer noch nicht gerne in Parkhäuser. Das war in meinem alten Leben so. Und so wird es auch in meinem neuen bleiben.

Monate später:

»Sind Sie Opfer oder Überlebende?«

»Schwere Frage. Ich glaube, irgendwo dazwischen.«

Frau Bäcker-Rode ist mein Coach in diesem neuen Leben. Gut, dass sie keine Kompromisse macht, denn nur so kann sie mich lehren, mutig zu sein. Immer wieder einfach nur mutig. Bis es mir dann zu blöde wird.

Leider habe ich Frau Bäcker-Rode bis jetzt noch nicht gefragt, ob sie Kartoffelpuffer mag, aber ich glaube, das tut sie.

Kartoffelpuffer machen dick

In den Kartoffelpufferteig gehört nichts außer Kartoffeln, Eier, Zwiebeln, Haferflocken und Salz. Vielleicht etwas Pfeffer. Nichts anderes, kein Mehl, keine Gewürze. Nichts. Und als Beilage zu Kartoffelpuffern kommt nichts anderes infrage als Apfelmus oder, beide Augen zugedrückt, bestenfalls noch Heidelbeerkompott. Zuckern der Puffer gehört gesetzlich verboten, Lachs, Crème fraîche und dieser ganze andere modische Unsinn ebenfalls. Die Kartoffeln sind per Hand zu reiben, nur Dilettanten, faule Säcke oder kulinarische Analphabeten benutzen Küchenmaschine oder Pürierstab. Der Erwerb tiefgefrorener Puffer verbietet sich von selbst, Gleiches gilt für Fertigmischungen aus der Packung. Wenn man sie nicht selbst aus frischen Kartoffeln zubereiten will, bleibt eigentlich nur der Celler Weihnachtsmarkt. Die Puffer dort sind wirklich gut. Und machen dick. Gute Kartoffelpuffer müssen dick machen. Das ist ein Naturgesetz.

Die weltbesten Kartoffelpuffer hat meine Großmutter El-friede in ihrer völlig vermüllten Küche im vierten Stock eines Mietshauses in der Hildesheimer Bronx, genannt Nordstadt, gebacken. Immer mit lackierten Fingernägeln und die langen, pechschwarzen Haare zum Dutt geknotet. Nicht sehr ordentlich, aber irgendwie hielt es. Zumindest habe ich nie Haare in ihren Puffern gefunden. Das Geheimnis ihrer großartigen Puffer dürfte ihre uralte, gusseiserne Pfanne gewesen sein, die niemals abgespült, nur an besonders guten Tagen mit Papier ausgewischt wurde. Ob Faulheit oder kochtechnischer Trick, sei dahingestellt. Meine Mutter, die die zweitweltbesten Puffer backt, tippt heute noch auf reine Faulheit ihrer mittlerweile lange verstorbenen Schwiegermutter. Auch Elfriedes Sohn, mein Vater, ist schon vor langer Zeit gestorben. Ich war siebzehn Jahre alt und wusste damals noch nicht, dass Vermissen nie aufhört.

Meine Mutter wurde im ersten Jahr meines neuen Lebens achtzig Jahre alt. Sie hat einen Krieg, zwei Männer, nicht enden wollende Streitereien mit ihrer Schwester, einen versoffenen Vater, den frühen Tod ihrer eigenen Mutter und eine lange Berufstätigkeit als Beamtin überlebt. Und sie hat eine Tochter ins Leben hinausgeschickt, die sie fürsorglich, manchmal auch egoistisch, manchmal auch gehässig, manchmal einfach nur nervig, aber immer mit viel Liebe begleitet hat. Sie hat mir beigebracht, dass man als Frau finanziell unabhängig sein soll. Sie hat mir beigebracht, dass man immer wieder aufzustehen hat. Sie hat mir Sätze beigebracht wie »Kopf hoch, wenn der Hals auch dreckig ist«. Sie hat mir Disziplin, eine besondere Vorliebe für kostspielige Handtaschen, ein Faible für Schuhe, für Wohnungseinrichtung, für, wie mein Sohn zu sagen pflegt, Deko-Kram und für Reisen beigebracht. Für die schönen Dinge halt. Sie hat mir ein paar plattdeutsche Worte beigebracht und die Zuversicht, dass es immer irgendwie weitergeht. Weitergehen muss. Sie hat mich Lebenstüchtigkeit und Lachen gelehrt. Und natürlich weiß ich von ihr, wie man die besten Kartoffelpuffer backt.

Meine Mutter ist eine sehr lebenskluge, kampferprobte, feine alte Dame.

Nachdem mein altes Leben zu Ende gegangen ist, habe ich mich lange Zeit in der Liebe und in den Armen meines Mannes verkrochen. Es hat Wochen gedauert, bis ich den Kontakt zu meiner Mutter ertragen wollte und konnte. Gesucht habe ich ihn nicht und wahrscheinlich, nein: Bestimmt hat ihr das wehgetan.

Wir haben nie darüber gesprochen. Es gibt Dinge, die sind so schrecklich, dass man sie mit jedem Fremden, aber nicht mit der eigenen Mutter besprechen möchte. Ich schämte mich vor der Frau, die meine Windeln gewechselt hat, und ich schäme mich noch heute.

Als zaghaft die ersten, unverfänglichen Worte, zunächst telefonisch, gewechselt wurden, sagte sie: »Du bist eine starke Frau.« Sie sagte es in den folgenden Monaten in ihrer Sprachlosigkeit und in ihrem Entsetzen immer wieder: »Du bist eine starke Frau.«

Nein, Mama. Ich bin keine starke Frau. Ich war es – vielleicht! – in meinem früheren Leben. Sag diesen Satz nicht mehr. Aber mach mir bitte Kartoffelpuffer.

Intermezzo I: Das Ende

Das Ende meines alten Lebens. Den folgenden Text habe ich wenige Tage nach den Ereignissen, die mein altes Leben beendet haben, als Gedächtnisstütze verfasst. Ich wusste, ich werde vergessen. Ich wusste, ich muss vergessen. Ich wusste auch, ich darf es nicht. Nicht so schnell. Denn irgendwann wird jemand wissen wollen, was passiert ist an diesem 7. April 2009. Im Niemandsland zwischen meinem alten und meinem neuen Leben.

Mein Mann hat mir beim Schreiben geholfen und so von Details erfahren, die ein Mann nicht über seine Frau erfahren sollte. Kein Mann sollte so etwas je lesen müssen, keiner Frau sollte das jemals passieren. Er hat in den Stunden des Lesens und Korrigierens eine Flasche Whisky geleert und mit mir geweint. Ich liebe ihn. Dafür und für vieles mehr.

Ich habe diesen Text, den bislang nur wenige Menschen gelesen haben, lediglich in einem sehr geringfügigen Maß verändert. Er gehört zu mir. Ich habe nichts zu verbergen. Ich muss mich nicht verstecken. Die Wahrheit schmerzt und löst Bestürzung aus. Das zeichnet die Wahrheit aus. Sie ist selten schön, aber immer notwendig.

Das Ende:

Herr L. kommt vorbei, um abzuklären, welche Möglichkeit es gibt, dass K. Frau M., eine Bekannte, durch deren zahlreiche Briefe sich K. in letzter Zeit belästigt gefühlt hatte, über deren Handy kontaktieren kann. Ich vereinbare mit L., dass er Frau M. ausrichten

*möge, sie soll mich gegen 15 Uhr im Büro anrufen, ich werde K.
dann zum Gespräch, sprich: Telefonat mit ihr, holen. K. telefoniert dann mit ihr circa fünfzehn Minuten, das Gespräch verläuft
erwartungsgemäß schwierig, aber nicht ohne Erfolg. K. teilt ihr
mit, er wünsche keinen weiteren Kontakt, benimmt sich ansonsten unauffällig. Frau M. wirkt wie immer konfus, weitschweifig,
scheint K.s Anliegen, sie möge ihn nicht weiter behelligen, aber
zu begreifen und sich auch daran halten zu wollen. Gegen 17.10
Uhr – ich erinnere mich an die Uhrzeit, weil ich um 17.30 Uhr
einen privaten Termin hatte – kommt K. in mein Büro und sagt,
er möchte mit mir sprechen, ob ich morgen oder am Donnerstag
da sei. Ich sage ihm, im Moment hätte ich keine Zeit und an den
nächsten beiden Tagen sei ich voraussichtlich sehr beschäftigt,
ich würde aber versuchen, einen Gesprächstermin einzurichten,
ansonsten stünden sein Coach, der Bedienstete O. sowie mein
Vertreter zur Verfügung. K. steht in der Tür, diese ist angelehnt,
und er macht keine Anstalten, mein Büro zu verlassen. Ich bitte ihn
erneut, nun energischer, mit Hinweis darauf, ich müsse nun wirklich gehen, mein Büro zu verlassen. K. wirkt immer noch unauffällig.*

*Ich stehe auf, gehe auf ihn zu, um ihn nun wirklich zum Gehen
zu bewegen. Daraufhin erfolgt sofort der Angriff. Es ist 17.15 Uhr,
das weiß ich, weil ich im Gehen auf meine Armbanduhr geschaut
habe. K. hält mich fest und hält mir ein Messer an den Hals: »Sie
geben mir jetzt Ihren Schlüssel!« Absurd, dass er mich siezt, dann
wieder duzt.*

*Es kommt zu einem Kampf, während dessen ich versuche, das
Messer abzuwehren und gleichzeitig die Herausgabe meines Schlüs-
selbundes, der mit Kette und Schlüsseltasche an meinem Gürtel
befestigt ist, zu verhindern. Ich habe das Messer die ganze Zeit an
meinem Hals, K. hat mich im Schwitzkasten und kündigt an, mit*

der geballten Faust in mein Gesicht zu schlagen. Der Satz »Jetzt reicht's mir aber! Schlüssel her, sonst schlage ich zu. Gleich schlage ich zu!« fällt. K. ist sehr zornig. Mehrfach fällt der Satz: »Schlüssel her und keinen Mucks!« Ich blute an drei Stellen, an denen er mich mit dem Messer verletzt hat: linke Wange, rechte Daumenbeuge, linker Unterarm. Es kann aber auch sein, dass ich angesichts der Misshandlungen und Angriffe mit dem Messer auch an anderen Stellen geblutet habe.

Nach vielleicht mehrminütigem Kampf hat K. meinen Schlüsselbund im Besitz und fragt, mit welchem Schlüssel die Tür abzuschließen sei. Ich zittere und kann mich nicht erinnern, welches der passende Schlüssel ist. Ich habe Todesangst. K. ist aufgebracht, wütend, nervös. Mir ist bewusst, dass ich keine Möglichkeit habe, der Situation zu entkommen. K. findet den richtigen Schlüssel und verschließt die Tür.

Er fesselt mir die Hände vor meinem Körper mit mitgebrachtem Klebeband. Er fängt an, ein oder zwei kleinere Schränke vor die Bürotür zu schieben und sie aufeinanderzutürmen. Irgendwann wird die Türklinke von außen bewegt. K. weist mich an, den Bediensteten zu sagen, sie sollen von der Tür wegbleiben. Irgendjemand versucht von außen, die Tür aufzuschließen. K. zeigt mir eine Flasche Sekundenkleber, die er mitgebracht hat. Er sagt: »Wenn Sie schreien, klebe ich Ihren Mund mit Sekundenkleber zu. Wissen Sie, was dann passiert?« Ich antworte nicht. Er wird lauter: »Wissen Sie, was dann passiert? Antworten Sie!« Ich sage: »Ja.« Zu dem Zeitpunkt sitze ich mit gefesselten Händen auf meinem Arbeitstisch, direkt neben der Tür. Messer und Flasche mit dem Kleber liegen in seiner Reichweite.

K. sagt sehr selbstzufrieden, er hätte das Messer schon lange in seinem Haftraum versteckt. Den Sekundenkleber habe er über den Versandhandel bezogen. Zur Herkunft einer weiteren Kleberflasche, die er mir später noch zeigen wird, sagt er die ganze Zeit nichts.

K. verbarrikadiert die Tür weiter. Ich erinnere mich, dass ein Anruf aus dem Stationszimmer kam. K. weist mich an, diesen entgegenzunehmen. Ich weiß nur noch, dass es der Bedienstete R. war. Ich weiß nicht mehr, was ich mit ihm gesprochen habe. K. stellt weitere Schränke vor die Tür und versucht, den großen Aktenschrank auch vor die Tür zu schieben. Das misslingt. K. nimmt eine große Papierschere von meinem Schreibtisch, steigt auf einen Stuhl und versucht, Schrauben zu lösen, mit denen der Schrank vielleicht befestigt ist. Er fragt mich, ob dies der Fall sei. Ich antworte, dass ich das nicht wisse. K. türmt dann weitere Schränke, auch einen Stuhl vor der Tür auf und befestigt den Schlüssel, der noch im Schloss steckt, mit einem mitgebrachten Band, vielleicht einem Schnürsenkel.

K. knebelt mich mit meinem Schal. Er bindet den Schal zunächst um meinen Hals und über den Mund, dann drückt er auf meinen Kiefer und öffnet mir gewaltsam den Mund, um den Schal ganz tief hineinzuschieben. Ich habe panische Angst zu ersticken, keine Luft mehr zu bekommen. Mir wird schlecht und schwindelig. Ich weiß, dass sein letztes Opfer an seiner Knebelung erstickt ist. Ich bin sicher, gleich zu sterben. Ich habe Angst, mich übergeben zu müssen und an meinem Erbrochenen zu ersticken. K. zeigt mir eine weitere Kleberflasche, einen Plastikbehälter mit langer, sehr dünner Kanüle. Er sagt, damit könne man direkt in die Venen spritzen. Er sagt: »Wissen Sie, was das bedeutet?« Ich nicke.

K. zieht seine Hose und Unterhose aus. Er sagt: »Ich will von der Sache hier was haben.« Er schneidet, um mich besser vergewaltigen zu können, meine Fesseln an der Hand mit dem Messer auf und zieht mir Hose, Schuhe und Slip aus. Er vergewaltigt mich vaginal. Ich bin weiter geknebelt. Der Penis des K. ist nicht voll erigiert, das

Eindringen fällt ihm schwer. Er versucht, meinen BH auszuziehen.
Das gelingt ihm nicht, er schneidet den Träger oberhalb meiner
rechten Brust mit dem Messer ab. Ich habe Todesangst, ich habe
Angst, er schneidet in meine Brust. Er zieht mir dann mein T-Shirt
und meinen BH aus. Ich bin nackt bis auf die Strümpfe. Mein
Knebel ist verrutscht. Mir gelingt es, den Schal aus dem Mund zu
ziehen, der Schal rutscht runter auf meinen Hals.

K. dringt schätzungsweise zwanzigmal in unterschiedlichsten
Positionen gewaltsam und ungeschützt vaginal in mich ein, von
hinten und vorne, auf dem Fußboden, auf dem Schreibtisch, ich
muss mich auf ihn setzen, auch auf einem Stuhl, er knetet meine
Brust so sehr, dass es schmerzt, er leckt mindestens viermal an
meiner Scheide. Zweimal muss ich ihn manuell stimulieren. Er
brüllt mich an: »Helfen Sie mir doch mal!« Ich muss auf dem
Rücken liegend meine Beine auf seine Schultern legen, er dringt
sehr tief in mich ein, ich habe große Schmerzen im Unterleib. Er
sagt immer wieder: »Sie sind eine schöne Frau.« Oder: »Du bist
schön!« Irgendwann macht er mir den Schal ab und entfernt meine
Haarspange. Irgendwann zieht er meine Strümpfe aus. Jetzt bin
ich ganz nackt. Er macht immer wieder hektische Bewegungen
Richtung Messer und Sekundenkleber, nimmt ein Geschirrhand-
tuch, um sich das Gesicht abzuwischen. Er schwitzt sehr stark.
Ich habe bei jeder seiner Bewegungen Todesangst, dass er mich
nun umbringt. Ich habe auch panische Angst davor, dass er noch
wütender wird, wenn er nicht zum Höhepunkt kommt, wenn er
denkt, ich erfülle seine sexuellen Erwartungen nicht. Er fordert
mich dann barsch auf zu stöhnen. Das tue ich ganz leise. Ich habe
große Angst, dass er mich wieder knebeln oder mir den Mund
verkleben wird, wenn ich es »falsch« mache. Irgendwann muss
ich auf Toilette. Das sage ich ihm. Er setzt mich auf das Wasch-
becken. Ich schäme mich so und weine. Danach vergewaltigt er

mich weiter. Ich weiß nicht, wie lange diese erste Serie von Vergewaltigungen gedauert hat, aber es war sehr lange. Es endet, als K. in mir ejakuliert. Dies geschieht, als ich auf dem Schreibtisch liege, er vor mir steht und meine Beine auf seinen Schultern festhält.

Danach sitze ich nackt auf meinem Bürostuhl. Herr P. ruft an und fragt, ob mit mir alles in Ordnung sei. Ich sage, wiederum in Todesangst: »Ja.« Diese Frage stellt mir Herr P. im Laufe der Zeit mehrfach. Ich sage trotz Nacktheit und trotz der Vergewaltigungen, die vielleicht noch weitergehen, immer Ja, um K. nicht zu provozieren. Ich bin mehrfach am Rande der Ohnmacht und habe das Gefühl, mich übergeben zu müssen. Ich weiß, dass ich eine Ohnmacht um jeden Preis verhindern muss, um mein Leben zu retten. Ich bin am Ende meiner Kraft, ich zittere, habe Todesangst und kämpfe gegen die Ohnmacht an.

Ich habe Angst, dass K. ein Erbrechen als Zeichen meines Ekels ihm gegenüber deuten könnte und dass ihn das provozieren könnte. Auch das muss ich verhindern, um mein Leben zu retten.

Ich habe das Gefühl zu ersticken, ich bekomme keine Luft mehr. Es ist warm und stickig in dem Raum. K. lässt das Wasser laufen. Er sagt, dann wird es kühler und draußen kann keiner etwas hören. Ich bitte ihn, das Fenster zu öffnen. K. sagt: »Da draußen sind Scharfschützen. Selber machen!« Ich habe Angst, erschossen zu werden, öffne aber das Fenster. Ich muss verhindern, dass ich ohnmächtig werde. Es ist ganz still und dunkel in der Anstalt. Ich höre nichts. Die Außenbeleuchtung wurde kurz abgeschaltet. Ich kenne den Grund nicht und bekomme einen panikartigen Angstschub. Das einzige Licht kommt vom Bildschirm meines laufenden PCs. Ich höre draußen und im Haus nichts. Ich habe das Gefühl, die Welt hat mich verlassen. Man hat mich vergessen. Ich bin mit K. alleine in einer weiten Wüste. Ich werde das nicht überleben.

Messer, Sekundenkleber und die Flasche mit der Kanüle, auch mein Schal sind während der ganzen Zeit in greifbarer Nähe.

Plötzlich wird K. nervös, rennt auf und ab, nimmt nochmals die Schere und versucht, die Schrauben des großen Schranks zu lösen, was nicht gelingt. Er wird noch hektischer, nimmt das Messer in die Hand, legt es wieder weg.

K. lässt zu, dass ich mich anziehe. Einige Zeit später fängt er wieder an, unter meinem T-Shirt meine Brust zu kneten. Einen BH trage ich nicht, weil K. ihn vorher zerschnitten hat. K. zieht mir wieder Hose, Slip und Schuhe aus. Die Vergewaltigungen setzen sich fort. K. dringt mindestens zehnmal in unterschiedlichsten Positionen gewaltsam und ungeschützt in mich ein. Ob K. nochmals ejakuliert, spüre ich vermutlich vor Schmerzen nicht mehr. Ich habe pochende Schmerzen im Inneren meiner Vagina, jeder Stoß der Vergewaltigung bewirkt einen unerträglichen Stich.

Ich sitze dann mit entblößtem Unterkörper auf meinem Stuhl, während K. mit Herrn P. über die Bedingungen seiner Aufgabe verhandelt. Während K. immer wieder darüber nachdenkt, ob er die Bedingungen – keine Festnahme durch das Spezialeinsatzkommando, Kontakt zu und Besuch von Frau M., Unterbringung in seinem Haftraum, kein Arrest – akzeptieren und aufgeben soll, isst er die Scheiben meines Knäckebrots, das ich in meinem Zimmer habe. Er sagt, das schmeckt gut. Ich esse nichts, er bietet mir auch nichts an. Ich habe Mineralwasser und Cola light im Büro, was K. trinkt. Ich bekomme auf nachhaltige Bitte irgendwann etwas Leitungswasser.

Dass K. die Bedingungen des Herrn P. ernst nimmt und akzeptiert, irritiert mich. Ich kann nicht glauben, dass er so realitätsfern ist. Ich habe Angst, er dreht endgültig durch. Ich habe Angst, er wird jeden Moment feststellen, dass es so nicht sein kann. Ich habe schreckliche Angst, dass er mich dann töten wird.

Irgendwann beginnt K., die Barrikade vor der Tür abzubauen,
schließt aber die Tür nicht auf. Ich ziehe mich an und packe relativ
wahllos, wie ein Roboter, Dinge in meine Tasche. K. sagt, er habe
Angst, den Raum zu verlassen. Nach der Anweisung des Herrn P.
habe ich das Messer in der Hand. Bis heute ist mir unerklärlich,
wieso K. das zugelassen hat. Ich kann mich kaum auf den Beinen
halten, mir tut alles weh, ich zittere. Ich habe meine Tasche über
der Schulter und verdecke das Messer halb mit dem Schal. Ich habe
Angst, der Anblick des Messers in meiner Hand könnte K. provo-
zieren und weiter gegen mich aufbringen. Im Türrahmen fragt er
mich zynisch und boshaft, ob ich ihn denn nicht angreifen möchte.
Ich kollabiere fast. Ich denke, nach all den Qualen nun doch noch
getötet zu werden. Die Vorstellung, noch irgendeine körperliche
Kraftanstrengung zu meistern, fühlt sich völlig absurd an. Und K.
weiß das. Wir verlassen dann den Raum.

In diesen sieben Stunden hat mein altes Leben aufgehört zu sein.
Das Leben der erfolgreichen, jüngst beförderten Psychologin,
Leiterin einer Sozialtherapeutischen Abteilung, gefragten Gut-
achterin und Dozentin, anerkannten Kollegin und Chefin, war
genau zehn Tage vor ihrer Hochzeit beendet. Nun war ich Opfer.
Dazu geworden durch die Hände eines Mörders und Vergewal-
tigers, den ich über vier Jahre in der Therapie hatte. Auf einer
Abteilung, die aufzubauen mir eine fachliche und persönliche
Freude war. Ich will und werde nichts dazu sagen, wie das passieren konnte. Das wäre ein fachlicher Diskurs, den zu führen
ich nicht bereit bin. Zumindest zurzeit nicht. Vielleicht werde
ich es auch nie sein, so dass ich die Beurteilung dessen anderen
überlasse.

Aber ich möchte weiter darüber schreiben, wie ich überlebt
habe. Über den Kampf gegen die Dämonen, gerufen in sieben

Stunden Einsamkeit, die mein Leben, das nie perfekt war, aber das ich geliebt und das ich mir ausgesucht habe und das meins war, in weite Ferne haben rücken lassen. Ach ja: Der private Termin, von dem oben die Rede ist, war eine Verabredung mit meiner Kosmetikerin. Ich wollte mich schön machen lassen für die Hochzeit.

Es gibt noch einen zweiten Text, am gleichen Tag geschrieben wie der obige. Eine Liste mit all meinen Verletzungen. Körperlicher und seelischer Art. Die Liste ist sehr lang. Ich könnte immer noch weinen, wenn ich sie lese.

Während ich die letzten Zeilen unter dem Sonnenschirm auf dem Balkon schreibe, kommt mein Mann nach Hause. Verschwitzt, müde, abgearbeitet. Er lächelt. Seine Worte: »Siehst du, das hast du dir immer gewünscht – auf dem Balkon sitzen und ein Buch schreiben.« Man muss gut aufpassen, was man sich wünscht. Es könnte in Erfüllung gehen.

Moni macht Stress

Ich erinnere mich nur vage an das, was passiert ist, nachdem ich aus dem Büro gekommen bin. An Geräusche, einzelne Bilder. Da war diese behandschuhte Hand von irgendwem, die mich zu sich herwinkte und der ich das Messer übergeben habe. Dann war da dieser Mann in Dienstkleidung eines Justizvollzugsbeamten. Ich hätte ihn also erkennen sollen. Habe ich aber nicht. Er fragte mich, ob ich verletzt sei, ob ich gehen könne. Ich bin in seine Arme gefallen, glaube ich. Und dann hörte ich ein Schreien, ein herzzerreißendes Schreien, halb Weinen, halb Wehklagen. Es war meine Stimme, die ich hörte. Hören musste. Aber auch hören durfte.

Es war so viel Polizei da, so viele Menschen. Waren sie erleichtert? Sicher. Bestimmt waren sie auch müde und erschöpft nach diesen langen Stunden. Sie haben mich dann in ein Büro gebracht, wo ich notärztlich versorgt wurde. Auf dem Weg dahin, an den ich mich auch nicht erinnere, habe ich die Hand eines Kollegen ergriffen, der irgendwo stand. Ich weiß nicht, ob wir etwas gesprochen haben, ich glaube aber nicht. Doch ich habe seine Hand genommen. Und dieses Bild sehe ich noch ganz deutlich: unsere Hände. Ich habe den Kollegen, dem diese Hand gehörte, nie wieder gesehen.

Während der ärztlichen Untersuchung in diesem kleinen, nun überfüllten Büro kam der Kollege P., mein Retter, meine einzige Verbindung zur Außenwelt. Er nahm mich in den Arm und sagte, er hätte versprochen, mich da rauszuholen und er hätte mich rausgeholt. Minuten später hörte ich ihn lachen. Dachte ich. Ich sah mich um. Warum lacht er, was gibt es zu lachen? Dann sah ich, dass er weinte. Er hatte gerade von den Vergewaltigungen erfahren. Und ich dachte, er soll nicht weinen. Jetzt ist doch alles vorbei. Ich dachte wirklich, alles sei vorbei. Ich wusste es damals einfach nicht besser.

Ich bin dann zum Krankenwagen getragen worden, denke ich. Zumindest kann ich mich nicht daran erinnern, gegangen zu sein. Hat man mich wirklich durch dieses Gefängnis, dessen Gänge und Treppen ich immer aufrecht, mal mehr, mal weniger gut gelaunt, aber immer aufrecht und stolz und gerne durchschritten habe, getragen? Schon möglich.

Mein anschließender Transport ins Krankenhaus, Wegstrecke maximal drei Kilometer, ist mir übrigens vom Bayerischen Roten Kreuz bereits am nächsten Tag in Rechnung gestellt worden. Um die sechshundert Euro waren es. Ich habe nicht sofort überwiesen. Dann wurde ein gerichtliches Mahnverfahren eingeleitet. Das erste meines Lebens. Mein Rechtsanwalt hat Schlimmeres verhindert. Wie auch immer. Gut, dass es das Bayerische Rote Kreuz gibt.

An meinen Aufenthalt im Krankenhaus kann ich mich kaum erinnern. Auch hier nur einzelne Bilder. Zum Beispiel das von der Krankenschwester, die mich in Empfang nahm: »Ach, Mädchen, was hat man denn mit dir gemacht?« Hat sie das wirklich gesagt oder bilde ich mir das nur ein? Ich weiß nicht. Wenn sie es nicht gesagt hat, habe ich diese Worte in ihren Augen gelesen.

Dann das Bild der jungen Ärztin, die mich auch gynäkologisch untersucht hat. Jeden Handgriff hat sie mir erklärt: »Das ist wegen der Spuren.« Ja, wegen der Spuren. Ich habe geweint, das weiß ich noch. Und ich habe gesagt, dass ich doch in der nächsten Woche hätte heiraten wollen. »Ja mei, dann hoaraten's hoalt später.« Bayerisch. Deftig. Ehrlich. Unverblümt. Wie Moni.

Ein anderes Bild: Ich rufe meinen Mann an. Es ist früh am Morgen des nächsten Tages. »Ach, Mäuschen, jetzt bist du ja in Sicherheit. Jetzt ist alles gut. Er hat dir doch nichts getan, oder?«

»Doch.«

Dieses Doch, über das wir noch so oft sprechen werden, sprechen müssen. Dieses Doch, das die Welt meines Mannes aus den Angeln gehoben hat. Meines Mannes, der fünfhundert Kilometer entfernt mein Schicksal in den Nachrichten verfolgen musste. Mein Mann, der heute noch zusammenzuckt, wenn er die Laufzeile – mit beliebigem Inhalt – unten im Bild auf N24 sieht. Mein Mann, der gebetet hat, der alles ertragen kann – aber nicht, dass den Menschen, die er liebt, Böses geschieht. Doch das ist seine Geschichte. Er muss sie erzählen – oder eben nicht.

»Er hat dir doch nichts getan, oder?«

»Doch. Aber nur ein bisschen.« Am Morgen danach soll ich tatsächlich zu meinem Mann gesagt haben: »Aber nur ein bisschen.«

Andere Bilder:

Ich werde polizeilich von einer Beamtin vernommen. Manche Fragen verstehe ich nicht. Welche Medikamente toben in meinem Blut? Warum tut mir alles weh? Ich antworte so exakt wie irgend möglich. Und bin dann Monate später doch entsetzt über das, was ich in meinem Vernehmungsprotokoll lese. War ich das?

Pfarrer L. holt mit einem Rezept aus einer Apotheke die Pille danach. Im Krankenhaus der Barmherzigen Brüder, Niederbayern, ist sie nicht vorrätig. Ich habe Angst vor einer Schwangerschaft, wenn ich auch davon ausgehe, zu alt dafür zu sein. Gedanken kreisen: War ich mir nicht auch meiner Sache zu sicher, war ich nicht zu nett, zu freundlich, zu bemüht, zu professionell, zu glücklich, um vergewaltigt zu werden? Lauter Zus, die doch nichts verhindern.

Jörg, mein Kollege, Stellvertreter und Freund, regelt das Praktische: Ich brauche Kleidung, mein Auto muss weggefahren werden, wo ist meine Handtasche. Jörg macht das. Die Dinge sind bei ihm in guten Händen.

Ich trage eins von diesen Krankenhaushemden. Und ein Arzt versucht, mir Blut abzunehmen. Warum? Es tut weh. Meine Venen sind schlecht, das waren sie schon immer. Er sticht in den Handrücken. Das tut weh. Ich glaube, ich habe »Aua« gesagt.

Und Moni sagt: »Muss das denn jetzt sein?« Ich glaube zumindest, dass sie das gesagt hat. Laut und bestimmt. Moni – das sind ganz viele Kilos auf 1,60 Meter. Ein Riesenbusen, eine Riesenklappe. Moni ist laut, anstrengend, selbstsicher bis zur Grenze des Erträglichen. Moni redet gerne. Und zwar pausenlos. Moni polarisiert: Man mag sie oder man hasst sie. Dazwischen gibt es nichts. Moni trippelt manchmal vor Aufregung auf ihren winzigen Füßen ganz schnell hin und her. So als versuche sie, ihren eigenen Redefluss zu überholen. Dann wogt der Busen und man fragt sich zwangsläufig, wie diese Füße ihr Gewicht halten können – rein physikalisch betrachtet.

Moni – die beste Schreibkraft, die ich je hatte. Und ich hatte viele im Laufe der Jahre. Moni – eine Seele mit Riesenbusen, der aber immer noch zu klein ist für dieses überbordende Herz, in dem ich Platz finde. Und meine ganze kleine Welt dazu. Moni – eine Freundin.

Moni wohnt dem Gebäude gegenüber, in dem ich mein altes Leben verloren habe. Sie war zu Hause und hat den Alarm, die Martinshörner gehört. Dann hat sie versucht, mich im Büro anzurufen. Ich habe mich mit »Hallo« oder »Ja« oder etwas in der Art, jedenfalls nicht mit einem Nachnamen gemeldet. Und ich habe gesagt, ich hätte gerade keine Zeit, hat mir Moni später erzählt. Da sei ihr klar geworden, dass etwas nicht stimmt. Ich erinnere mich nicht an das Telefonat. Moni dafür umso besser.

Sie hat dann die ganze Zeit zu Hause in ihrer Wohnung mit direktem Blick auf den Ort, dessen Mauern das Unaussprechliche verbargen, gewartet. Hilflos, aber entschlossen, ihren Warteplatz nicht zu räumen. Nachts ist sie dem Krankenwagen gefolgt und hat sich ins Krankenhaus eingeschlichen, bis auf die Station. Hilflos, aber entschlossen, auch diesen Platz nicht freiwillig zu räumen. Nein, sie werde nicht gehen. Und es sei ihr im Übrigen auch egal, ob sie da sein dürfe oder nicht. Als ich in das Zimmer gebracht worden war, hat Moni sich auf einen Stuhl neben meinem Bett gesetzt. Hilflos, aber entschlossen, auch diesen Platz nicht zu räumen. Nein, sie werde nicht gehen. Sie bleibe auf jeden Fall. Es muss mittlerweile drei oder vier Uhr morgens gewesen sein. Eine Krankenschwester hat ihr dann das zweite Bett zurechtgemacht. Und Moni ist geblieben und hat mich im Schlaf schreien und weinen gehört. Moni hat mir morgens das Telefon gereicht, damit ich meinen Mann anrufen kann. Moni hat dem Arzt gesagt, er solle meine Venen in Ruhe lassen. Moni hat mich gezwungen, ein Stück Brot zu essen. Wenigstens ein kleines Stück Brot. Später, in den Monaten, die dann kommen sollten, hat Moni sich um meinen Sohn gekümmert und die Katze gefüttert. Moni war und ist bei mir. Und manchmal macht sie eben Stress. Danke für alles, Moni! Auch für die Käsefüße.

Ich bin der Ansicht, jeder Mensch braucht eine Moni. Ob Katharina eine hatte oder hat, kann ich nicht sagen. Wundern würde es mich jedoch nicht.

Katharina macht Mut

Katharina ist eine unglaublich beeindruckende Frau. Ich kenne sonst niemanden, der mit leiser Stimme so kraftvoll sprechen kann. So viel Präsenz zeigt. Vor vielen Jahren ist Katharina etwas Ähnliches passiert wie mir. Es gibt viele Parallelen, es gibt viele Unterschiede. Das Unglück unterscheidet sich immer. Das Glück nie. Das wusste schon Tolstoi. Siehe oben.

Katharina hat vieles anders gemacht als ich. Vielleicht besser. Das kann ich nicht sagen. Ich traue meinem Urteilsvermögen nicht mehr, seitdem ich mich in meinem neuen Leben bewege. Wichtig ist, dass mich Katharina besucht hat. Dass sie sofort da war, obwohl es ihr zeitlich eigentlich gar nicht passen konnte – der Flieger war gebucht, Abflug anderntags um sechs Uhr in der Früh. Es war immer noch April und es war kurz vor der Hochzeit. Sommerliche Wärme und Folie und Watte um mich herum.

Wir haben Stunden miteinander geredet. Nein – ich habe erzählt und Katharina hat zugehört. Manche Menschen glauben, Zuhören sei erlernbar. Das ist Blödsinn. Entweder man kann es oder man kann es nicht. Katharina kann es sehr, sehr gut.

Irgendwann im Laufe dieses Nachmittages habe ich ihr die eine Frage gestellt, von der ich wusste, dass ich sie nur Katharina würde stellen können. Sie kam mir kaum über die Lippen. Eigentlich sollte man nur Fragen stellen, wenn man auch imstande ist, die Antwort zu verkraften, dachte ich immer. Ich war mir keinesfalls sicher, das zu können.

»Wie soll ich jemals wieder mit ihm schlafen? Wie soll das gehen?«

Ich werde nichts über die Inhalte dieses nachmittäglichen Gesprächs mit Katharina berichten. Es war eines der Gespräche, die mir beim Überleben geholfen haben, und das geht nur Katharina und mich etwas an. Aber ihre Antwort gehört hierher:

»Stell diese Frage nicht. Warte einfach ab. Es wird ein Zeitpunkt kommen, wo diese Frage völlig unwichtig ist, ein Zeitpunkt, an dem alles einfach und selbstverständlich und normal ist und sich richtig anfühlt. Ich weiß nicht, wann der Zeitpunkt da sein wird, aber dass er kommt – das weiß ich. Warte ab und frage nicht.«

Katharina hatte recht. Und ihre Antwort – das war einer dieser 100-Euro-Sätze, die mich in meinem neuen Leben noch lange, vielleicht für immer begleiten werden.

Sie hat mir auch zwei Bücher geschenkt. *Gut gegen Nordwind*. Von Glattauer. *Ein Tag länger als ein Leben*. Von Aitmatow. Beide haben mir ermöglicht, dieses ungeliebte neue Leben risikolos für ein paar Stunden verlassen zu können. Beide haben mich wieder lesen gelehrt. Und beide habe ich mittlerweile einige Male verliehen, auch verschenkt.

Vielleicht werde ich eines Tages Katharinas 100-Euro-Antwort verschenken müssen, weitergeben müssen an eine andere Frau. Ich fürchte mich davor. Aber ich werde es tun.

Außerdem habe ich in Katharinas herrlicher chaotisch-gemütlicher Wohnung einige Wochen später die beste Thai-Seafood-Suppe meines Lebens serviert bekommen. Selber gekocht habe ich sie leider bisher noch nicht, anders als Metas Spätzle.

S'Allergröschde macht Arbeit

Die Großmutter meines Mannes heißt Meta, ist 86 Jahre alt und damit nur etwas älter als meine Mutter. Warum das nun so und nicht anders ist, spielt keine Rolle und würde nur zu unglaublich langatmigen Beschreibungen völlig wirrer Familienkonstellationen führen.

Meta, gebeugter Gang, ihr hellwacher Verstand spiegelt sich in hellwachen Augen. Meta hat sich gerade einen neuen Golf gekauft, ihren Ehemann nach gefühlten zweihundert gemeinsamen Jahren verlassen und eine eigene Wohnung bezogen, wobei sie sich der Unterstützung ihrer Kinder, Enkel und zahllosen Freundinnen absolut sicher sein kann. Ihre Wohnungseinrichtung stammt von Ikea.

Meta hat vor wenigen Jahren ihre älteste Tochter, die ich nicht kennengelernt habe, durch Krebs verloren. Ich glaube, sie leidet am meisten von allen darunter, aber sie trägt diesen Schicksalsschlag doch mit aller Größe. Meta hat Stil, Courage, Humor und einen Bücherschrank voll mit Fotoalben. Meta hat die ganze Welt bereist im Laufe der vielen Jahre, die sie schon auf dieser weilt.

Meta ist Schwäbin. Und zwar durch und durch. Meta spricht Schwäbisch und kennt merkwürdige Begriffe wie Kehrwoche und Breschdlingsgsälz. Meta backt den besten Zwetschgenkuchen, der auf schwäbisch vielleicht ganz anders heißt. Und Meta hätte wohl nie damit gerechnet, dass ihr Lieblingsenkel am Ende eine Frau ehelicht, deren gestochenes Hochdeutsch sie verwirrt. Eine Frau, die Spätzle nur aus der Packung kennt. Trotzdem oder deswegen – wir mögen uns und telefonieren oft. Diese Gespräche sind immer hochinteressant und laufen stets nach dem gleichen Muster ab: Meta versucht sich einige Minuten in Hochdeutsch oder was immer sie dafür hält, um dann in die schwäbische Mundart zu verfallen. Ich muss dann nachfragen und Meta spricht einfach nur lauter. Ich nehme an, sie denkt, ich höre schlecht. Wer ist hier, bitte, weit über achtzig?

Als ich Meta das erste Mal begegnet bin – natürlich war ich aufgeregt – hat sie mir ein Spätzlebrett nebst Schaber und kurzer mündlicher Einführung in die Technik gegeben. Fazit: »So. Nun bist du in die Familie aufgenommen.« Das Ganze natürlich auf Schwäbisch: »So, jetzt bisch in'd Familie uffgnomme.« Oder so ähnlich. Eifriges Nicken aller Anwesenden. Natürlich habe ich das Schaben ausprobiert. Der erste Versuch war schon ganz gut, wenngleich meine Spätzle das Format von DIN-A5-Blättern hatten und das Übrige des Teigs unter der Küchendecke klebte. Mittlerweile habe ich meine Technik perfektioniert und erstatte Meta regelmäßig Bericht über meine Fortschritte. S'Allergröschde zu machen, ist schon eine meiner leichteren Übungen. Aber dennoch: Ich koche es selten. Es macht wirklich viel Arbeit für eine Frau, die bis vor kurzem nur getrocknete Spätzle aus der Tüte kannte. Aber nun bin ich suabifiziert, sagt mein Mann. Die Suaben – das sei ein altes Wort für die Schwaben. Sagt er. Ich hoffe sehr, dass das auch stimmt.

Irgendwann hat Meta mich in meinem neuen Leben angerufen. Ohne Scheu. Einfach so. Wie es mir ginge, hat sie gefragt. Schlecht. Wirklich schlecht.

»Des bassierd Fraue. Des isch ons immer bassierd on wird ons immer wieder bassiere. Mach's Beschde draus. Du kannsch's ja doch nemme ändere.«

Willkommen in meinem neuen Leben, Meta. Gut, dir zuhören

zu dürfen. Schön, dass es dich gibt. Schön, dass du der Welt zwei Töchter geschenkt hast. Eine von ihnen war die Mutter eines Mannes, der seine Frau, ohne es zu wissen oder zu wollen, in ihrem alten Leben zurückließ. Und der sie dann in einem neuen ungewollten Leben abholen musste.

Cowboys machen mobil

Regensburg ist eine eigenartige Stadt: schön, historisch interessant, atmosphärisch dicht und gleichzeitig extrem unsympathisch. Mir zumindest. Ich mochte die oberpfälzische Grobheit, gepaart mit Arroganz, die diese Stadt ausstrahlt, noch nie. Alles ist so idyllisch, dass es einem auf die Nerven geht, und jede Verkäuferin tut so, als sei sie Fürstin von und zu höchstpersönlich. Ich habe Regensburg immer, so gut es eben ging, gemieden.

Am ersten Tag in meinem neuen Leben hatte das Vermeiden vorerst ein Ende. Auf den Rat der Polizei hin – Rat? Vermutlich war es eher eine Anweisung – sollte ich meine Stadt verlassen. Möglichst schnell. Wegen der Presse. Nach kurzem Zwischenstopp in meinem Haus haben mich Jörg und der Pfarrer nach Regensburg zu einer ehemaligen Kollegin gebracht. Dort sei ich vorerst vor Journalisten geschützt, mein Mann würde mich dort abholen und in seine fünfhundert Kilometer entfernte Wohnung, an einen sicheren Ort, in mein heutiges Zuhause bringen.

In meinem Haus habe ich geduscht. Endlich konnte ich duschen. Auch diese Erinnerungen sind keine, sondern gleichen einzelnen Bildern auf Filmplakaten. Filmtitel: »Die Katastrophe«, Hauptrolle, Regie, Maske und Assistenz: Susanne Damalsnoch-Bergmann.

Ich hatte gelesen, gehört oder erzählt bekommen, vergewaltigte Frauen würden stundenlang duschen, um den Schmutz abzuwaschen, was ihnen doch nie gelänge. Ich habe ganz normal geduscht. So wie immer. So wie früher. So wie heute. Das übliche Procedere. Nicht länger, nicht kürzer, nicht anders. Und gleichzeitig habe ich mich darüber gewundert, dass es so war. Ich hatte das diffuse Gefühl, ich machte irgendetwas irgendwie falsch. Als negierte ich eine Vorschrift, als beginge ich eine Regelwidrigkeit. Eigenartig.

Anschließend haben mich dann Jörg und der Pfarrer nach Regensburg in das wirklich schöne Haus der Kollegin gefahren, in dem mein Mann und ich noch vor nicht allzu langer Zeit eingeladen waren. Kamin, exzellenter Rotwein, gutes Essen, ein wunderbarer Abend.

Dort habe ich nun auf die Ankunft meines Mannes gewartet. Ich wusste, er wird meinen Sohn mitbringen. Die beiden waren am vorangegangenen Wochenende vorgefahren, ich wäre in zwei oder drei Tagen nachgekommen. Und gemeinsam hätten wir dann die Hochzeit vorbereitet. Und uns gefreut. So war der Plan.

Erst sehr viel später habe ich Details zu der Fahrt meines Mannes und meines Sohnes in das fünfhundert Kilometer entfernte Regensburg erfahren. Zwei Männer, schweigend im Sportwagen. Zwei Männer auf dem Weg in eine andere Stadt, nicht wissend, was sie dort erwartet, aber entschlossen, es auszuhalten und durchzustehen. Cowboys ohne Hut und mit 301 PS unter dem Hosenboden. Vorab das fast Unmögliche bewältigt. Nur ein kurzes Gespräch, der Wortlaut in etwa:

»Wir müssen deine Mutter in Bayern abholen. Sie ist gestern in ihrer Abteilung von einem Häftling als Geisel genommen worden.«

Der Siebzehnjährige: »Aber er hat sie doch nicht vergewaltigt, oder?«

»Doch.« Wieder dieses schreckliche Doch, das die nicht perfekte, aber beschützte Welt eines Siebzehnjährigen aus den

Angeln hebt. Doch. Und wenig später zwei Cowboys auf dem Weg nach Regensburg. Ohne Hüte, aber mit 301 PS.

Nun saß ich in dem Haus meiner ehemaligen Kollegin und wartete.

Ich weiß nicht, wie lange ich gewartet habe. Ich weiß nicht, wer noch dort war. Ich weiß nicht, ob ich gesprochen habe und, wenn ja, mit wem oder was. Ich wartete.

Irgendwann waren sie da. Mein Mann und mein Sohn. Sie waren da. Wie kann man als Frau, die gerade völlig verstört in ein neues Leben gefallen ist, dem Mann, den man liebt, und dem Sohn, den man liebt, in die Augen sehen? Was haben die beiden gesehen – an diesem Tag in dem Haus in Regensburg? Ich weiß es nicht. Ich werde meinen Mann danach fragen. Mein Kind soll das nicht beantworten müssen.

Mein Mann. Er hatte einen dunklen Anzug an. Er hat mich umarmt. »Jetzt können wir nicht mehr heiraten«, habe ich zu ihm gesagt. Er sieht mich an, sein Blick direkt, ohne Zweifel. Wenn ihn geschockt hat, was er ansehen musste, so hat er es mich nicht spüren lassen: »Und nun erst recht.«

Und nun erst recht. Ich weiß nicht, was ich getan hätte, wenn seine Antwort anders ausgefallen wäre.

An die Fahrt zurück in mein heutiges Zuhause habe ich keinerlei Erinnerung. Ich weiß nicht, dass wir an einer Raststätte angehalten haben, ich weiß nicht, dass ich mit dem Fahrstuhl in unsere Etage gefahren bin, ich weiß nicht, dass wir nachts noch ein Glas Rotwein auf dem Balkon getrunken haben.

Ich erinnere mich erst an den Tag danach. In den frühen Nachmittagsstunden hat mich mein Mann geweckt. »Mäuschen, du musst aufstehen. Du kannst nicht so lange schlafen, sonst schläfst du heute Nacht nicht.«

Wir haben auf dem Balkon gefrühstückt. Gesprochen habe ich

nicht. Nur irgendwo hingeguckt. Dinge gesehen, die niemand außer mir sehen konnte. Ich glaube, ich habe mein altes Leben betrachtet. Im neuen konnte ich noch nichts erkennen. Ich war nie alleine auf unserem Balkon in der vierten Etage. Sie haben nicht gewagt, mich alleine zu lassen, aber das ist mir erst sehr viel später aufgefallen.

Abends, mein Sohn war schon schlafen gegangen, hat mir mein Mann ein Rheumabad eingelassen. Mir tat alles weh, jeder Muskel meines Körpers, mein Kiefer, einfach alles.

Ich lag in der Badewanne. Mein Mann hatte es so nett hergerichtet – Kerzen brannten, Musik lief. Die Tür stand auf.

Mach die Tür zu. Die Tür muss zu sein. Er soll mich nicht so sehen. So nackt. So verletzt. So verletzlich. Die Tür. Die Tür muss zu sein. Nein, nicht zu. Um Himmels willen – keine geschlossene Tür. Mach doch bitte, bitte die Tür zu.

Er hat sie dann angelehnt. Und vorher hat er mir Ringelblumensalbe auf die Schnitte im Gesicht aufgetragen. Ganz behutsam, gar nicht nach Cowboy-Art.

Ein Bad wirkt manchmal Wunder. Aber hin und wieder muss es eben eine richtig heiße Dusche sein – nach Zumba zum Beispiel.

Zumba macht stolz

Zumba ist angeblich spanisch und heißt auch irgendetwas. Was genau, habe ich vergessen. Zumba ist der neuste Fitness-Trend aus den USA – das alleine sollte einen ja schon stutzig machen. Laut unserer Trainerin ist Zumba aber ein Work-out. Work-out – dazu fallen mir diese lycragewandeten Sklaventreiberinnen aus muffigen Studios ein, die powackelnd durch die Gegend laufen, um anderen Menschen ihr Geld, aber keinesfalls ihr Fett abzunehmen. Die Studios riechen immer nach einer Mischung aus Parfumdeo, Schweiß, Eiweiß-Cocktails und Laminat. Die Sklaventreiberinnen und -treiber sind immer penetrant und widerlich gut gelaunt, haben gestählte Bodys – solche Menschen haben Bodys, keine Körper – und tun so, als hätten sie die Weisheit mit ihrer kohlenhydrat-, fett- und geschmacksfreien Turbo-Diät gleich mitgefressen. Ätzend. Und deren Kundinnen? Nun ja, da wäre zum Beispiel die gelangweilte Zahnarztgattin mit frisch ondulierter Lockenpracht und regelmäßigen Terminen bei ihrer Nageldesignerin, die auf dem Laufband einherschreitend die Gala liest. Deren natürliche Feindin ist die fünfzigjährige, cellulitegefährdete, rauchende, trinkende, Pommes, Pizza und Pasta liebende Bewegungslegasthenikerin mit großer Klappe. So weit das Einerseits. Andererseits ist besagte Legasthenikerin mit einem joggenden und Krafttraining schätzenden Ehemann und einem Sohn gestraft, der American Football liebt – theoretisch wie praktisch.

In meinem alten Leben hatte ich jede Menge gute Gründe für

meine Sportverweigerung: viel, sehr viel, noch mehr Arbeit und der Haushalt macht sich ja schließlich auch nicht von alleine. So weit meine glaubhaften Bekundungen. So glaubhaft, dass ich die Wahrheit – ich sitze lieber rum, lese ein Buch, trinke ein Tässchen Kaffee dazu und rauche eine – nicht zwangsläufig hinausposaunen musste, um sie dann oberklugscheißerhaft sezieren zu lassen. Und um etwaigen Vorhaltungen bereits im Vorfeld das Wasser abzugraben, bin ich im alten Leben ab und an walken gegangen. Walken gegangen – das muss man sich wirklich auf der Zunge zergehen lassen.

In meinem neuen Leben war ich sozusagen gezwungen, diese Tarnung aufzugeben. Vorerst keine Arbeit in Sicht, die Reinigung einer Dreizimmerwohnung ist selbst für mich kein größeres zeitliches Problem, zumal weder mein Mann noch ich es fertigbringen, uns von unserer Haushaltshilfe, einer Seele von Frau, zu verabschieden. Und das Kochen? Na ja – selbst die tägliche Zubereitung fünfgängiger französischer Menüs nimmt einen nicht so in Anspruch, dass nicht hin und wieder zumindest ein bisschen Zeit für sportliche Betätigung abfiele. Ein geraumes Weilchen konnte ich noch mit Panikattacken und Watte-Gefühl argumentieren, aber ich bemerkte selber, wie auch diese Begründungen im Laufe der Zeit an Überzeugungskraft verloren.

So kam ich in meinen Fitness-Club, der doch viele Vorteile hat. Erstens heißt er nicht »Fitness-Club«, sondern »Gesundheitszentrum«, was sich ja schon mal normaler, versöhnlicher und weniger schweißtreibend anhört. Zweitens ist er direkt gegenüber. Und drittens arbeiten da nur durchtrainierte, freundliche Mädels, die solch unglaublich nette Sachen sagen wie: »Wer nicht mehr mag, macht einfach eine Pause.« Oder: »Zwei Wiederholungen reichen auch.« Musik in meinen Ohren.

Daher mache ich dort seit einigen Wochen regelmäßig Pilates, was leichter aussieht, als es ist. Niemand, wirklich niemand sollte über Pilates lachen! Ab und zu gehe ich noch zum Herz-Kreislauf-Training, was noch viel anstrengender ist, als es sowieso schon aussieht. Und neuerdings übe ich auch noch Zumba: Das sind tanzähnliche Bewegungsabläufe zu lateinamerikanischen Rhythmen, die Salsa-, Samba-, Merengue- und andere Elemente enthalten, von denen ich noch nie gehört habe. Zumba ist schnell, rasend schnell und komplex. Das bedeutet: Die Arme machen etwas, die Beine auch und die Hüfte sowieso. Im Prinzip kein Problem. Das Problem bei Zumba ist aber: Alle Körperteile machen alles zusammen, und zwar schnell und im richtigen Takt und ohne Pause, und gleichzeitig ist noch das Kunststück zu vollbringen, stolz und sehr weiblich und mit tadelloser Haltung glücklich aus der Wäsche zu gucken.

Nach einer Stunde Zumba hilft nur noch Duschen. Und wohl dem, der einen Fahrstuhl hat. Ich zumindest käme die Treppen in unsere vierte Etage nicht mehr hoch. Aber womit ich niemals gerechnet hätte: Zumba hilft dabei, sich als Frau zu fühlen und sich auch so zu bewegen. Stolz. Sich zu bewegen wie eine stolze, schöne Latina. Unnahbar, aristokratisch, temperamentvoll. Stolz und schön. Das Alter spielt keine Rolle. Das Gewicht spielt keine Rolle. Keine Rolle spielt das, was hinter einem liegt. Oder vor einem. So gesehen ist eine Stunde Zumba pro Woche recht wenig. Es sollte eine pro Tag sein. Mindestens. Für alle Frauen dieser Welt.

Und Zumba ist gut für die Kondition. Walking im Stadtpark, dieses Relikt aus meinem alten Leben, fällt mir nun deutlich leichter. Organisatorisches Zentrum meiner Walking-Gruppe ist Barbara. Ich glaube nicht, dass Zumba ihr besonders gefallen würde, aber im Walking ist Barbara nicht zu schlagen.

Vergleich macht gelassen

»Walking-Gruppe, Frauen um die fünfzig, keine sex. Int., sucht Verstärkung.« So oder so ähnlich lautete der Text der Anzeige unter »Vermischtes«, die ich samstags in der Zeitung gefunden habe, in meinem neuen Leben. In meinem alten Leben hatte ich nie Zeit, die Kleinanzeigen zu lesen. Aber auch keine Lust. Ich habe mich auf »Buntes aus aller Welt« und die Todesanzeigen beschränkt, auch in Städten, in denen ich keinen Menschen kannte. Aber das Gefühl, die Zeitung gelesen zu haben, mochte ich immer sehr.

Walken – dieses Relikt aus meinem alten Leben. Ohne Stöcke, weil: Wie dämlich sieht das denn aus! Ab in die Sportklamotten und dann drei oder vier Kilometer stramm durch die Feldmark. Mit oder ohne MP3-Player. Immer dabei hatte ich nur die Angst, mir könnten bissige Hunde begegnen. Riesenmodelle aus der Abteilung »Der will nur spielen«. Oder ein süßer, kleiner Dertutdochnix mit fiesen, spitzen Zähnen, hämischem Gesichtsausdruck, verwöhnt, verhätschelt und doof. Einer von denen, über die gesagt wird, sie seien Angstbeißer. Heute, in meinem neuen Leben, wäre die Angst, mir könnte beim Walking ein solches Vieh begegnen, noch meine geringste Sorge. Richtig in Panik versetzt mich der Gedanke, wer mir sonst noch im Stadtpark entgegenkommen könnte. Ein fremder Mann vielleicht. Oder einer, den ich kenne. Oder zwei? Undenkbar. Undenkbar auch, für immer auf diese Form der Bewegung verzichten zu müssen.

Ich habe also auf die Anzeige geantwortet und gehe nun

ein- bis zweimal wöchentlich mit den Mädels, alle so etwa in meinem Alter, walken. Unser Tempo liegt irgendwo zwischen verschärftem Einkaufsbummel und Stechschritt. Alleine wäre ich schneller, aber das Alleine gibt es in meinem neuen Leben zumindest beim Walken nicht mehr. Zeit zum Reden bleibt reichlich und vielleicht ist das ja auch der tiefere Sinn der ganzen Veranstaltung, bei der man selbst im Hochsommer nicht nennenswert ins Schwitzen gerät. Geredet wird über alles Mögliche, über Alltägliches, Banales, auch Persönliches. Barbara erwähnte Brustkrebs. Die stille, unauffällige, unaufdringliche, angenehme Barbara.

Ja, sie habe Brustkrebs. Ja, sie sei amputiert. Ja, sie habe Chemo erhalten. Und ja, das sei hart, sehr hart gewesen. Sie wisse nicht, ob sie gesund sei. Sie wisse auch nicht, ob sie je wieder ganz gesund sein werde. Ja, vor den Kontrolluntersuchungen habe sie Angst. Große Angst. Nein, der Befund habe sich nicht angekündigt. Es sei alles ganz plötzlich gekommen: Befund, Krankenhaus, Operation. Ja, sie sei alleinerziehend, und ja, für ihre Kinder, zwei Mädchen, sei das auch eine harte Zeit gewesen. Sie hätten mitgelitten. Eins ihrer Mädchen sei magersüchtig gewesen. Diese Tochter hatte gerade erfolgreich eine Therapie abgeschlossen, als sie ihren Befund erhalten habe. Ja, sie habe Depressionen gehabt. Und große Angst zu sterben. Zurzeit arbeite sie wieder stundenweise. Das täte ihr gut. Die Arbeit und regelmäßige Bewegung – beides täte ihr gut.

»Barbara, was hat dir beim Überleben geholfen, wo nimmst du deine Kraft her?«

»Meine Kinder. Meine Mädchen. Ich muss doch für meine Mädchen da sein. Ich hatte keine andere Wahl. Und ich bin zäh. Das war ich schon immer.«

Barbara, die stille, unauffällige, unaufdringliche, angenehme

Barbara sagt das mit größter Selbstverständlichkeit. Ich höre genau hin, ganz genau. Ich fahnde nach dem, was sich zwischen den gesprochenen Worten verbirgt, nach Zwischentönen. Ich finde nichts. Barbara ist so alt wie ich. Margrit auch.

Viele Steine machen eine Brücke

Margrit kenne ich schon lange, ungefähr seit vierzig Jahren. Wir haben das gleiche Gymnasium besucht und dort zusammen Abitur gemacht. Aber nur, weil ich in der Oberstufe sitzengeblieben bin. Mathe und Latein waren die Problemfächer. Und Physik. Und Chemie. Und vielleicht auch noch ein paar andere Disziplinen, aber das will heute niemand mehr wissen und ich habe es vor lauter Leben vergessen. Ich hatte sehr lange Zeit keinen Kontakt mehr zu Margrit, so ungefähr dreißig Jahre lang. Ich hatte die Stadt verlassen. Sie nicht. Ich habe studiert. Sie nicht. Ich habe geheiratet und ein Kind bekommen. Sie nicht. Ich habe die Arbeitsplätze gewechselt. Sie nicht. Das weiß ich aber alles erst seit kurzem. Andere Menschen waren mir wichtiger.

Im Zusammenhang mit der Organisation eines Abi-Treffens habe ich auch Margrit angemailt und um ihre Adresse gebeten. Organisatorische Routine, nichts leichter als das. Routine, für die ich in meinem alten Leben nur ein mildes Lächeln übrig gehabt hätte. Ein mildes, müdes Lächeln für die, die sich solch einen Quatsch freiwillig ans Bein binden. Ich hatte keine Zeit für so etwas. Und erst recht keine Lust. Aber ich wäre natürlich zu dem Treffen gefahren. Ganz Diva, ganz erfolgreiche Beamtin, was ja nicht zwangsläufig ein Widerspruch in sich sein muss. Und schon im Vorfeld wäre klar gewesen, wer die schrägsten Geschichten zum Besten zu geben, wer den interessantesten Arbeitsplatz zu bieten hat. Früher, in meinem alten Leben.

Heute, im neuen Leben, das ich nun führe, sieht die Sache anders aus. Dürstend nach einer wie auch immer gearteten Beschäftigung trage ich Adressen zusammen. Die Frage, was ist denn aus dir geworden, mit einer Mischung aus Scham und Neugier und Angst erwartend. Meine Antwort fürchtete ich nicht minder.

Margrit hat meine E-Mail seltsam beantwortet. Zurück bekam ich ein geschriebenes Kauderwelsch, wenige kaum verständliche, relativ inhaltsleere Zeilen. Ich möge bitte anrufen, das Schreiben fiele ihr schwer. Gruß, Margrit.

Ich rufe eine Telefonnummer an in dieser Stadt, mit der ich einmal so verbunden war, die mich geprägt hat. Diese Stadt, die ich heute nicht mehr besonders schätze, die mir keine Heimat mehr ist. »Heimat ist nicht da, wo du die Bäume kennst, sondern wo die Bäume dich kennen«, sagt ein Sprichwort. Stammt es aus der Ukraine? Vielleicht. Das habe ich vergessen. Und die Bäume in meiner Heimatstadt erinnern sich schon lange nicht mehr an mich. Sie haben meinen Namen vergessen. Und auch mein Gesicht.

Ich rufe an. Margrit spricht klar und deutlich. Ich sehe die Züge einer Siebzehnjährigen vor mir. Meine Phantasie reicht nicht aus, mir eine nicht nur erwachsene, sondern nun alternde Margrit auszumalen. Sie freut sich, mich zu hören. Warum freut sie sich? Wir haben uns seit fast einem Menschenleben weder gesehen noch gehört. Richtige Freundinnen waren wir nie.

Sie sei Beamtin geworden bei irgendeiner Behörde, deren Bezeichnung pure Langeweile ausatmet und deren Aufgaben so abstrakt sind, dass ich sie mir nicht merken wollte. Schon vor vielen Jahren habe sie sich von ihrem langjährigen Freund, auch ein gemeinsamer Mitschüler, getrennt. Sie habe jetzt einen Lebensgefährten. Rentner. Mir kommt nicht in den Sinn, zu fragen, wer er ist, wie er heißt, wie er lebt. Kinder habe sie keine, aber einen kleinen Hund. Wie putzig. Und nun, es täte ihr leid, käme ihre Krankengymnastin. Ob sie mich anderntags zurückrufen könne. Ja, das könne sie. Und das tut sie.

Krankengymnastin? Wieso Krankengymnastin? Eine Frage. Zunächst nur eine beliebige Frage, um dieses eigenartige Telefonat irgendwie, Interesse heuchelnd, fortzusetzen und den Gesprächsfaden vom Vortag wieder aufzunehmen. Sie sei doch seit einigen Jahren pensioniert. Kopfschmerzen, sehr, sehr starke Kopfschmerzen. Die Halswirbelsäule, habe es anfänglich geheißen. Dann weitergehende Untersuchungen. »Das gefällt mir nicht, das gefällt mir aber gar nicht«, habe der Arzt gesagt. Wie Ärzte eben reden. Dann die Diagnose: Hirntumor. Operation. Koma. Schließlich Reha. Und eine halbseitige Lähmung. Rollstuhl. Pensionierung. Mit Hund und Partner in einer Hildesheimer Wohnung sitzen und Worte suchen.

»Margrit, wie alt bist du?«

»Ich weiß nicht. Es fällt mir nicht mehr ein.«

Wir rechnen gemeinsam. Margrit ist genauso alt wie ich, lautet das Ergebnis.

Wir telefonieren häufig in der Folgezeit. Wenn Margrit die Worte gefunden und zu Sätzen zusammengefügt hat, ist das, was ich höre, ziemlich klug. Manchmal auch sehr lustig. Wir können gut zusammen lachen. Heute. Nach vierzig langen Jahren.

Sie habe Angst vor dem Klassentreffen. Sie schäme sich so. Sie säße doch im Rollstuhl. Du solltest dich nicht schämen, Margrit. Ich werde dich hocherhobenen Hauptes durch die Menge fahren. Wir beide werden jedem in die Augen blicken können. Wir haben so viel geschafft. Du und ich. Jede in ihrer Welt. Das sage ich heute in meinem neuen Leben, und das hätte ich auch in meinem alten Leben gesagt. Aber ich hätte es nicht so gemeint. Gemeint hätte ich: Gott, was bin ich froh, dass ich nicht im Rollstuhl sitze! So ist das.

Während dieses Gesprächs köchelt ein Curry auf meinem Herd. Margrit isst, was ihr Lebensgefährte zubereitet, der sie auch wäscht, ankleidet und, so sagt sie, ihre Launen erträgt.

Unser letztes Telefonat: »Weißt du, jeder Stein, der auf dem Weg rumliegt, wird weggeräumt und für den Brückenbau verwendet. Stimmt's?«

Ja, Margrit, stimmt.

Intermezzo II: Die Verwandlung

Gegen den, der mir mein altes Leben weggenommen hat, wurde ein knappes Jahr später verhandelt. Elf Monate sind nicht lang, wenn man arbeitet, Freunde trifft, ins Kino geht, das Klo putzt, sich mit dem Finanzamt herumärgert, Fernsehen schaut, Rasen mäht, Katzenstreu einkauft, zum Zahnarzt geht, den Klassenlehrer anruft und eben das tut, was man so tut. Elf Monate sind sehr lang, wenn man auf das wartet, was ich nun beschreiben werde. Wenn man wartet mit einer bislang nie gefühlten Mischung aus Angst, Hoffnung, Scham, Entsetzen und dem Wunsch nach Rache. Mit einer Gefühlsmischung, die es nicht geben sollte.

Ich war Nebenklägerin. Ich war vorbereitet. Ich war unsicher. Und ich war entschlossen.

Warum willst du dir das antun?

Ich will ihm in die Augen sehen. Ich muss das machen. Für mich. Ich will nie denken müssen, ach, wärst du doch hingegangen. Ich will, dass die, die das Recht über ihn sprechen, mich sehen. Ich will kein Aktenzeichen sein, kein namenloses Opfer. Im Namen des Volkes!

Es hat nicht viele Menschen gegeben, die diese Sätze verstehen konnten. Ich habe sie ausgesprochen und verstanden, geglaubt habe ich sie mir nicht. Dass diese Sätze der Beginn einer Verwandlung waren, habe ich damals nicht geahnt.

Die Verwandlung:

Das Gerichtsgebäude sieht aus wie immer. Es ist kalt. Es ist Ende Februar. Das Ende eines kalten, schneereichen Winters. Ich trage einen Hosenanzug, meinen Wintermantel und eine große Sonnenbrille. Wegen der Presse. Wegen der Presse? Was verdeckt diese Brille schon? Früher, in meinem alten Leben, hat mal jemand gesagt, ich sehe damit aus wie Puck, die Stubenfliege. Ich habe sehr gelacht. Diesen Jemand werde ich hier wiedertreffen. Er ist als Zeuge geladen. Ich suche die Hand meines Mannes, seinen Arm. Ich war noch nie im Leben so auf Halt angewiesen. Mein Sohn. Mein Sohn ist auch da. In einem schwarzen Anzug. Ich sehe ihn immer wieder an. Handtaschenkontrolle. Absonden. Sicherheit. Ich spreche nicht, mein Mann fragt nach dem Sitzungssaal, mein Mann organisiert das Zeugenschutzzimmer. Ich bin stumm. Und ich werde es vorerst bleiben.

Der Sitzungssaal. Nüchtern, sachlich, kühl. Nicht so, wie ich es in anderen Landgerichten gesehen habe – kein Pomp, kein Stuck, keine gedrechselten Holzabsperrungen. Irgendwie fühle ich mich dadurch erleichtert. Auf dem Gang: Pressevertreter. Wie zu erwarten. Und dann kommen sie alle – die Zuschauer, mein Rechtsanwalt, der Staatsanwalt, die Gutachter. Ein Mann, den ich nicht kenne und der an der gegenüberliegenden Tischreihe Platz nimmt. Es ist der Anwalt der Gegenseite, des Angeklagten, desjenigen, der mir mein altes Leben genommen hat.

Der psychiatrische Sachverständige legt seine Unterlagen auf den Tisch und setzt sich. Mein Mann und mein Rechtsanwalt besprechen irgendetwas. Ich höre nicht zu. Ich denke darüber nach, wie ich früher in Gerichtssälen meine Papiere geordnet habe. Nun macht das ein anderer, ich bin damit beschäftigt, meine Gedanken und Gefühle zu ordnen. Ich bin Geschädigte, Betroffene, Opfer. Und Nebenklägerin. Ich klage an!

Er kommt. Gefesselt an Händen und Füßen. Gebeugt. Beglei-
tet von jungen Polizisten. Einige bleiben neben ihm, zwei ande-
re sichern die Fenster. Gebeugt schlurft er. Eine Jacke über dem
Kopf. Blitzlichter. Fotografen. Kameras. Er trägt eine Jacke über
dem Kopf. Als würde das etwas ändern. Als habe es irgendeine
Bedeutung – dieses Gesicht. Er wird eher auf den Stuhl gesetzt, als
dass er sich selber setzt. Weiterhin Blitzlichtgewitter. Es hört nicht
auf. Ich stehe, lehne an der Fensterbank, weil ich nicht weiß, ob
der Boden unter mir nachgibt. Ich stehe und der Boden trägt mich
und ich halte die Hand meines Mannes fest. Ich werde sie an den
zweieinhalb Prozesstagen nur selten loslassen. Ich sehe diese Gestalt
mit der Jacke über dem Kopf an und ich werde ruhiger. Ich setze
mich zwischen meinen Mann und meinen Rechtsanwalt. Mein
Sohn sitzt im Zuschauerraum. Erste Reihe. Ich kann ihn jederzeit
ansehen, und das ist auch gut so. Vor mir steht ein Plastikbecher mit
Wasser. Glas ist verboten. Aus Sicherheitsgründen. Vor mir liegt ein
Beruhigungsmittel. Verschreibungspflichtig. Stark. Ein Segen. Ich
habe es nicht einnehmen müssen. Auch das ist ein Segen.

Er nimmt die Jacke vom Kopf, sieht sich um und ich sehe ihn an.
Ich sitze ganz aufrecht und sehe ihn an. Sehr lange. Ich sehe ihn an
und zwar so lange, bis er wegsieht. Er sieht weg. Das ist der Beginn
meiner Verwandlung.

Das hohe Gericht erscheint. Prozessuale Vorgänge, persönliche
Daten. Wer ist wer? Und worum geht es hier überhaupt? Wer ist
der Herr an der Seite der Nebenklägerin? Ihr Ehemann. Aha. Ja,
wir haben ein Attest vorliegen – die unmittelbare Anwesenheit
des Ehemanns ist aus psychiatrischer Sicht zwingend erforderlich.
Soso. Jaja. Ehemann – der auf der anderen Seite zuckt zusammen.
Ein Hieb. Das letzte Opfer – tot. Das vorletzte Opfer – schwer ge-
schädigt und bei der Verhandlung nicht anwesend. Die anderen
Opfer – unbekannt, unwichtig, vergessen, verjährt. Einen Ehemann

sieht er zum ersten Mal. Er hat Angst. Das sehe ich und das macht mich glücklich. Und er weiß noch nicht, dass er auch einen Sohn zum ersten Mal sehen wird. Er weiß nicht, dass das Schlimmste noch vor ihm liegt. Und das ist gut so.

Ich werde ruhiger und ich halte die Hand meines Mannes fest. So viele Menschen. Und ich bin ganz ruhig, sehe den auf der anderen Seite an und spüre meine Verwandlung, die ich erst viel später als solche erkennen werde. Zurzeit weiß ich nur, dass er weggesehen hat.

Die Anklageschrift wird verlesen. Ein juristisches Konvolut. Juristerei – das ist ein Handwerk, hat mir mal jemand gesagt, der wusste, wovon er spricht. Eine Gerichtsverhandlung – das ist die Lösung eines sozialen Konflikts nach bestimmten Regeln. Erwarte keine Emotionen. Er hat weggeguckt. Das reicht. Und ich halte die Hand meines Mannes.

Antrag der Verteidigung auf Ausschluss der Öffentlichkeit. Grund: Schutz der Intimsphäre des Mandanten. Verhandlungs-unterbrechung. Das Gericht zieht sich zur Beratung zurück. Mein Rechtsanwalt als Vertreter der Nebenklage berät mit. Warten auf dem Gang. Mein Mann und mein Sohn bilden einen Schutzwall zwischen mir und den Kameras und den Menschen, die mich ansehen. Die mich betrachten, die in mir lesen wollen.

Mein Rechtsanwalt kommt zurück. Jetzt bilden drei Männer einen Schutzwall gegen die neugierige Welt. Und auch gegen die Anteilnahme. Das Gericht beabsichtige, den Antrag auf Ausschluss der Öffentlichkeit abzulehnen. Das ginge aber aus formalen Gründen nur, wenn ich bereit sei, öffentlich auszusagen.

Öffentlich aussagen? Seit elf Monaten ist klar, dass die Öffentlichkeit ausgeschlossen werden wird. Mir ist klar, dass wir den Antrag stellen werden. Wie könnte ich jemals meine Demütigungen öffentlich bekennen? Unter dieser Voraussetzung habe ich zugestimmt, dass mein Sohn mich begleitet. Mein Kind soll keine Details erfahren, so war der Plan. Blicke ruhen auf mir.

Ich suche auf dem Fußboden nach der Antwort. Ich muss entscheiden. In meinem alten Leben war ich meistens ziemlich gut darin, schnell zu entscheiden. Manchmal zu schnell.

»David, du wirst furchtbare Dinge hören. Schaffst du das?«

»Klar, Mama.«

»Sicher?«

»Klar. Oder willst du diesem Arsch wirklich Schutz zugestehen?«

Ja, er hat Arsch gesagt. Mit dem Recht, der Weitsicht und der Klarheit eines Siebzehnjährigen.

Ich sehe meinen Mann an, dessen Hand ich halte. Er nickt.

Ich sehe meinen Anwalt an: Er guckt. Ja, ich sage öffentlich aus. Gut.

Die Entscheidung, die meine Verwandlung abgeschlossen hat, dauert nicht länger als zwei Minuten.

Fortsetzung der Verhandlung. Die Öffentlichkeit bleibt. Raunen im Saal. Freude bei den Journalisten. Nichts auf der gegenüberliegenden Seite. Dann spricht er. Er redet viel und lange und holprig. Nein, er habe mich nicht bedroht. Das Messer? Ach ja, das Messer … Also, er wisse auch nicht … Ich schweige und sehe ihn an und halte mich an meinem Mann fest. Ab und zu sehe ich meinen Sohn an.

Erst in den Nachmittagsstunden fange ich an zu sprechen. Langsam, klar und deutlich. An zwei oder drei Stellen kommen mir fast die Tränen, aber ich weine nicht. Mein Mann drückt meine Hand. Ich weine nicht und spreche weiter. Ein Wort fällt mir nicht ein. Wie heißt das, wenn jemand so den Arm um den Hals eines anderen legt und zudrückt? Wie nennt man das? Ich komme gerade nicht drauf. Schwitzkasten? Meinen Sie, in den Schwitzkasten nehmen? Ja. Das meine ich. Ich spreche weiter. Brauchen Sie eine Pause? Sollen wir unterbrechen? Nein. Ich möchte das hier zu Ende bringen. Ich spre-

che weiter, bis ich alles gesagt habe, was zu sagen ist. Die jungen Polizisten, zu seiner Bewachung abgestellt, schauen ausdruckslos. Was werden sie abends daheim berichten?

Wenige Fragen. Es ist still im Saal. Die Öffentlichkeit ist da und sie schweigt. Der Verteidiger des Mannes, der mir mein altes Leben weggenommen hat:

»Und als sich mein Mandant Ihnen sexuell genähert hat ...«

»Er hat sich mir nicht sexuell genähert. Er hat mich vergewaltigt.«

»Nun wollen wir uns doch mal nicht über Begriffe streiten, darum geht es ja nun nicht.«

»Doch, Herr Verteidiger. Genau darum geht es. Um Vergewaltigung.«

»Keine weiteren Fragen, Herr Vorsitzender.«

Irgendjemand in der Öffentlichkeit klatscht. Nur kurz, aber unüberhörbar.

Ich werde zum Richtertisch gerufen und lasse zum ersten Mal die Hand meines Mannes los. Ich sehe den Richter eine Bildmappe durchblättern. Flüchtige Blicke auf die Fotos von meiner Kleidung: Lederjacke, Jeans, zerschnittener BH. Eine Frau mit Schnittverletzungen im Gesicht. So müde, so blass, so hässlich. Eine Frau auf der Schwelle zwischen zwei Leben. Ein Messer. Sekundenkleberfläschchen. Klebeband. Mein Büro, hoffnungslos durcheinander, chaotisch. Blutspuren. Ich muss Sie das fragen: Waren diese Blutspuren schon vorher an den Schränken und auf dem Boden? Nein, Herr Vorsitzender. Das waren sie nicht. Danke. Sie können sich wieder setzen.

Es wird weiter verhandelt an diesem Nachmittag und auch in den Vormittagsstunden des Folgetages. Dann, eine halbe Woche später, das Urteil: 13 Jahre, 9 Monate, Sicherungsverwahrung. Gibt mir das Urteil Genugtuung, werde ich gefragt. Nein. Genugtuung gibt mir, dass er weggesehen hat. Aber das habe ich der Journalistin nicht gesagt.

Es ist zu Ende. Alle gehen. Akten werden geschlossen. Nur er sitzt da, gefesselt und umgeben von Polizisten. Ich bleibe. Ich will sehen, wie er abgeführt wird. Ich will ihn ein letztes Mal davonschlurfen sehen.

Er sieht mich an und ich ahne, was kommt. Er hat zweimal versucht, sich zu entschuldigen. Ich habe jedes Mal gesagt, ich werde mir diesen Mist nicht anhören. Er spricht mich an, stammelnd, wie es seine Art ist: »Frau Bergmann, ich …«

Ich halte die Hand meines Mannes. Mein Sohn steht neben uns. Groß. Seine Stimme ist tief, ganz klar, sehr deutlich, bestimmt. Kein Zittern, keine Unsicherheit spürbar. An die Polizisten gewandt: »Meine Herren, darf ich Sie bitten, dafür zu sorgen, dass dieser Verbrecher meine Mutter nicht anspricht?«

Sie bringen ihn raus, den Verbrecher.

Den Verbrecher, der über vier Jahre lang gelogen hat, wie leid ihm alles täte.

Und mein Sohn ist schlagartig erwachsen. Ich bin sehr stolz auf ihn.

Meine Entscheidung, öffentlich auszusagen, hatte Konsequenzen, deren Tragweite mir damals auf dem Gang des Landgerichts, hinter einer Schutzmauer aus Liebe versteckt, überhaupt nicht bewusst war. Wenn es anders gewesen wäre, hätte ich dann anders entschieden? Ich glaube kaum. Plötzlich war das Medieninteresse da. Und es war groß. Straftaten im Allgemeinen sind spannend, und diese ganz spezielle Mischung aus »Sex and Crime«, mit der ich aufwarten konnte, war es erst recht. Wem sollte man das vorwerfen? Journalisten machen eben ihre Arbeit. Und ich kann sagen – sie haben sie gut gemacht. Ich habe lebendige, spannende, kluge Frauen wie Birgit Fürst vom Bayerischen Rundfunk oder Petra Hollweg vom *Focus* kennengelernt. Ich habe einen sehr sympathischen Pressefotografen aus Berlin getroffen, der tolle Bilder macht und von dem ich viel über Asien und Kegelvereine erfahren habe. Ich habe einigen Journalisten auch abgesagt, weil mir die Medien, die sie vertreten, nicht passten. Und weil es irgendwann einfach genug war.

Es war alles gesagt, was es aus meiner Sicht und Betroffenheit zum Thema Sicherheit an meinem ehemaligen Arbeitsplatz zu sagen gab. Oder, wie es ein ehemaliger Chef von mir vermutlich ausgedrückt hätte: Das Problem ist hinreichend beschrieben. Um die Problemlösung mögen sich nun andere kümmern. Was sie nicht tun werden, aber das ist eine andere Geschichte, die vielleicht in anderer Form zu erzählen wäre.

Meine Entscheidung, an die Öffentlichkeit zu gehen, ist auf Kritik gestoßen. Mediengeil, vom Ehemann aufgehetzt, schmeißt mit Steinen, Berufsopferattitüde – das sind Äußerungen, die mir zu Ohren gekommen sind. Es gibt sicher noch ganz andere, aber das weiß ich nicht und das will und muss ich auch nicht wissen.

Es reicht mir zu wissen, dass diese Kritiken von Menschen kommen, die in ihrer jeweiligen Idylle vielleicht schon an sehr viel geringeren Problemen scheitern würden, die es bereits bei einer viel geringeren Fliehkraft aus der Kurve tragen würde.

Opfer schämen sich, Opfer tun so, als sei alles normal und wie immer, Opfer sind der Störfaktor schlechthin, Opfer verunsichern ihr Gegenüber, Opfer machen hilflos, Opfer werden in Watte eingepackt. Und Opfer haben sich zu schämen, Opfer haben das Haupt zu senken, und Opfer haben so zu tun, als sei alles normal und wie immer. Opfer haben sich gefälligst wie Opfer zu benehmen: still, unauffällig und dankbar für jedwede Form des Mitleids und der Unterstützung. Und ansonsten haben Opfer es, bitte sehr, tunlichst zu unterlassen, die Kreise der Nicht-Opfer zu stören. Wozu gibt es Psychiater, Therapeuten, Friseure oder Taxifahrer, die ein Opfer vollquatschen kann? Ein Opfer hat irgendwann abzutauchen. Und wenn es dabei absäuft – tja ... Die schöne, exakte deutsche Sprache: Man fällt einem Verbrechen zum Opfer. Man fällt, um Opfer zu werden. Man stürzt ins Bodenlose. Das stimmt. Umso wichtiger wird es, wieder aufzustehen. Und zwar erhobenen Hauptes. Verwandelt.

Denn irgendwann verändert sich der Ausdruck in den Augen der Nicht-Opfer. Aus Mitleid und Betroffenheit wird ein erleichtertes »Gut, dass mir das nicht passiert ist«. Gepaart mit dem Versuch, sich diese Haltung nicht anmerken zu lassen. Ich weiß nicht, was schwerer zu ertragen ist.

Infolge eines Interviews, das ich dem Focus gegeben habe, hat mich eine Frau kontaktiert, die auch einem sehr schlimmen Verbrechen z u m O p f e r gefallen ist. Sie bat mich um Unterstützung in der Frage, ob es richtig sei, die Öffentlichkeit zu suchen. Ob ich es bereut hätte.

Meine Antwort, nur geringfügig abgeändert, um die Anonymität der Betreffenden nicht zu gefährden:

Ihre Zeilen haben mich sehr nachdenklich gemacht und ich möchte versuchen, Ihre Fragen, die ich keineswegs als bedrängend empfinde, so ehrlich wie möglich zu beantworten.

Nein, den Schritt, an die Öffentlichkeit zu gehen, habe ich nicht bereut. Und ich bin in meinem direkten persönlichen und sozialen Umfeld dafür eigentlich nur gelobt und unterstützt worden. Kritik gab es keine.

In Bezug auf meine dienstlichen Kontakte sieht die Sache anders aus – natürlich gelte ich dort teilweise als »Nestbeschmutzerin«, die ihre Kollegen ohne Rücksicht auf Verluste »in die Pfanne haut«, um es mal umgangssprachlich auszudrücken. Die Schonfrist ist vorbei, infolge meiner Schritte an die Öffentlichkeit gelte ich nun als persona non grata.

Aber wenn ich Sie richtig verstanden habe, bezieht sich Ihre Frage eher auf den privaten Bereich und wie gesagt: Dort habe ich nur Unterstützung erfahren.

Allerdings kann ich nicht unerwähnt lassen, dass mein Mann Jurist und selber beruflich mit Sicherheitsfragen im Strafvollzug befasst ist. Er kennt sich aus mit den Medien, behördlichen Strukturen und all den Dingen, die in meiner Situation so wichtig waren und sind. Und er hat mich vor Jahren als »Powerfrau« kennengelernt – immer am Arbeiten, immer aktiv, immer – Zitat – »eine große Klappe«. Nach dem April ´09 war diese Power weg, es gab ein weinendes, hilfloses, zutiefst verängstigtes Opfer. Es gab eine Frau, die nicht in engen Räumen sein konnte, die Angst hatte vor Menschen, außerstande, alltägliche Aufgaben zu verrichten. Eine Frau, die mit Panikattacken zu kämpfen hatte. Und meinem Mann war viel früher als mir klar, dass ich so nicht bin und so nicht den Rest meines Lebens verbringen kann.

Ich habe darunter gelitten, die stummen Fragen in den Augen meiner Mitmenschen zu spüren, ich habe darunter gelitten, als »Opfer« angesehen und behandelt zu werden, so behutsam, so vorsichtig, so bemüht. Ich hatte den Eindruck geduckt durch mein eigenes Leben gehen zu müssen. Und so entstand über Wochen und Monate der Entschluss, möglichst offensiv mit der Katastrophe umzugehen und zu sagen: »Ja – so war es. Ja – das ist mir passiert.« Ich hatte aber auch nichts mehr zu verlieren. Schlimmer als im Sommer 2009 konnte es nicht mehr kommen – das wusste ich. Für mich war immens wichtig, wieder Kontrolle über die Dinge zu bekommen und mich nicht länger durch kriminelles Handeln und Demütigung kontrollieren, gängeln zu lassen.

Und mit dem Prozess, mit dem Schritt an die Öffentlichkeit ist bei mir tatsächlich die Gesundung vorangeschritten. Es fühlte sich so an, als sei ein Knoten geplatzt. Ich will keinesfalls behaupten, dass ich gesund oder die Alte, die mit der »großen Klappe«, bin, aber es geht mir seit diesen Aktionen psychisch wesentlich besser. Ich fühle mich stabiler, auf dem Weg, wieder selbst Chefin in diesem Haus, das mein Leben ist, zu werden. Aber wie gesagt – diese Entwicklung ist sehr eng mit meiner Persönlichkeit und meiner privaten Situation verbunden. Ich möchte nicht den Eindruck erwecken, über allgemeingültige Rezepte zu verfügen.

Vielleicht noch ein paar Worte zum Umgang mit den Medien: Wir haben bei jedem Kontakt sehr gut überlegt, ob er infrage kommt. Standardsatz meines Mannes war: »Es muss sich für dich gut und richtig anfühlen.« Daraus folgte, dass ich Printmedien oder Fernsehsender, die mir nicht passten, konsequent abgelehnt habe. Auch habe ich sichergestellt, dass meine Adresse oder Telefonnummer nie herausgegeben wird, um unerwünschte Kontakte auszuschließen. Ich wollte keinen RTL-Reporter mit Teleobjektiv in meinem Garten sitzen haben. Das alles hat sehr gut geklappt. Überhaupt habe ich alle Medienmitarbeiter, egal ob Fernsehen, Rundfunk oder Presse, als freundlich, vertrauenswürdig und grenzwahrend erlebt. Und noch eins: Ich habe mir jedes Interview, jeden Text, jedes Bild zunächst vorlegen lassen, um sichergehen zu können, dass nichts publiziert wird, womit ich nicht einverstanden bin.

Natürlich hat es auch Schattenseiten, wenn man sein Innerstes derart nach außen trägt – man wird zur öffentlichen Person und damit verwundbar. Und man bedient sicherlich voyeuristische Interessen. Für mich galt jedoch: Die Menschen denken und reden sowieso, was sie wollen. Und wenn sie das schon tun, sollen sie meine Geschichte, meine Wahrheit, meine Schmerzen und meinen

Kummer mitdenken müssen. Oder, um nochmals meinen Mann zu zitieren: »Lieber stehend sterben als kniend leben.«

...

Die fehlende Möglichkeit, den Menschen, den man liebt, vor dem Bösen zu bewahren – das hat meinem Mann am meisten zugesetzt. Für uns folgte daraus, dass mein Mann immer bei mir war, zunächst bei der Verhandlung, dann bei fast allen Gesprächen mit den Medien. Das hat mir Sicherheit gegeben und ihm das Gefühl, jederzeit intervenieren zu können, falls sich der Eindruck eines unguten Gesprächsverlaufs ergeben hätte. Und wir sind immer im Dialog geblieben, wir haben gestritten und gezankt und diskutiert und stets aufs Neue überlegt, was richtig ist. Für mich, aber auch für uns beide als Ehepaar. Das war teilweise unglaublich anstrengend und kräftezehrend, aber die Mühe hat sich gelohnt.

...

Wie gesagt – allgemeingültige Regeln habe ich nicht und wahrscheinlich gibt es auch keine ...

So weit mein Schreiben an eine mir unbekannte Frau irgendwo in der Bundesrepublik, das sich jetzt beinahe so liest, als seien ein Radiointerview oder ein Auftritt im Frühstücksfernsehen besser als jede Therapie. Natürlich war und ist es nicht so gemeint. Hätte mich jemand nach meiner psychiatrischen Behandlung gefragt, was bisher nicht passiert ist, hätte ich eben darüber gesprochen oder geschrieben. Eine Antwort habe ich nie erhalten von der Unbekannten, irgendwo in der Bundesrepublik.

Im Frühstücksfernsehen war ich übrigens nie und trage mich auch nicht mit dem Gedanken, dieses Versäumnis nachzuholen. Dr. Lange, mein Psychiater, würde das bestimmt auch nicht gutheißen, nehme ich an.

Dr. Lange macht müde

Es hat durchaus etwas für sich, einen befreundeten Psychiater oder eine befreundete Psychiaterin aufzusuchen, sich in einen Ledersessel zu schmeißen und über Patienten abzulästern. Das machen Psychiater genauso wie Psychologen, Hautärzte, Urologen und Allgemeinmediziner. Und Gynäkologen auch. Wahrscheinlich die ganz besonders. Und wer etwas anderes behauptet, lügt. Wie gesagt: Ledersessel, Tasse Kaffee in der Hand und dann erzählen: Patienten, Kollegen, Reisepläne oder was sonst so anliegt. Das habe ich oft gemacht, weil ich viele Psychiater kenne: Juliane, zwei Kläuse, Robert, Michael, Petra und wie sie alle heißen. Und es war eigentlich immer nett. Und um an dieser Stelle gleich mit dem alten Vorurteil aufzuräumen, Psychiater und Psychologen seien doch alle selber verrückt: Das ist kein Vorurteil. Das stimmt.

Eine ganz andere Sache als ein Plausch unter Kollegen auf dem Sofa ist es aber, bei einem völlig fremden Facharzt für Psychiatrie, Neurologie und Psychotherapie erst im Warte-, dann im Sprechzimmer zu sitzen. Vorab das unvermeidliche Telefonat mit der Arzthelferin. Oder wie heißen die Damen heute? Haben die jetzt auch eine dieser entsetzlichen englischen Berufsbezeichnungen, unter denen sich niemand etwas vorzustellen vermag? Termin. Ja, bitte. Uhrzeit egal. Nein, nicht erst in drei Monaten, wenn möglich. Ja, der Fall ist eilig. Nein, in sechs Wochen ist auch zu spät. Na ja, wie soll ich das erklären? Depressionen vielleicht. Oder Ängste. Verschiedene Ängste. Nein, ich möchte nicht zu einer Vertretung. Ich sagte doch schon: Sechs Wochen sind zu lange. Wirklich. Ja, also ... Bitte. Hm ... Also gut, wenn es anders nicht geht: Ich bin in einem Gefängnis als Geisel genommen und mehrere Stunden vergewaltigt worden und es geht mir richtig, richtig beschissen. Okay?

In drei Tagen. 9.00 Uhr. Danke.

Wartezimmer. Ich bin verrückt. Ich muss verrückt sein. Nur Verrückte gehen zum Psychiater. Stell dich nicht so an – wie oft hast du selber Leute dahin geschickt und ihnen erklärt, dass psychische Probleme nichts anderes sind als körperliche. Ich habe mich geirrt. Hast du nicht. Du bist krank. Und ein kranker Mensch braucht ärztliche Hilfe. Das muss ich dir doch nun wirklich nicht erklären. Ich bin also nicht verrückt, weil ich hier sitze. Nein. Bist du nicht. Du bist nur krank. Und du wirst wieder gesund. Krank. Ich bin also krank. Krank im Kopf. So muss es wohl sein. Nicht verrückt, nur krank. Und wenn er mich einweist? Das wird er nicht. Und wenn doch. Das wird er nicht. Er wird es aber irgendwann tun müssen, wenn du jetzt fluchtartig die Praxis verlässt. Du kommst ohne ärztliche Hilfe nicht auf Dauer zurecht. Das weißt du. Ja, das weiß ich.

So lernte ich Dr. Lange kennen, Facharzt für Psychiatrie, Neurologie und Psychotherapie.

»Was kann ich für Sie tun?« Die schlichte und routinierte Frage eines jungenhaften Mannes, dem immer der Schalk aus den Augen blitzt. Merkwürdig. Ruhig und geduldig, aber dieses Blitzen in den Augen hört nie auf.

Ich habe ihm meine Geschichte erzählt, und er hat mitgeschrieben. Nur Stichworte. Warum eigentlich?

Und dann die Symptome: Traurigkeit, immer wieder diese Traurigkeit, die mich zu schlucken droht, Schlaflosigkeit. Angst und Panik. Unruhe. Watte-Gefühl. Der Verlust von Überblick, der Verlust von Kontrolle. Erinnerungen, die ich nicht haben will. Nicht-Erinnerungen an Dinge, die mir so wichtig sind. Grübeln. Quälerisch und nicht zu stoppen. Gedankenkreise. Ein verlorenes altes Leben. Und keine Träne dafür. Reizbarkeit. Schreckhaftigkeit. Angst vor Menschen und Angst vorm Alleinsein. Albträume.

»Hatten oder haben Sie Selbstmordgedanken?«

Ich lüge und sage Nein, und er tut so, als glaube er mir.

»Ich möchte Ihnen etwas verschreiben.«

»Ja. Sagen Sie, werde ich irgendwann wieder gesund, werde ich wieder die Alte sein?«

»Gesund ja, die Alte – nein.«

»Sagen Sie, kann ich es schaffen?«

»Ja.«

Es folgten viele Gespräche mit Dr. Lange und noch mehr Experimente, bis das richtige, das helfende Medikament gefunden war. Dass er mir einmal das richtige in der falschen Konzentration verschrieben, mich fast – fast, sage ich! – vergiftet hat, auch das sei verziehen und ist schon jetzt unter der Rubrik »Meine lustigsten Psychiater-Geschichten« abgespeichert. Für die Enkel oder für gemütliche Kaffeerunden im Kollegenkreis. Falls es die jemals wieder geben sollte.

Seitdem ich Dr. Lange kenne, kann ich wieder besser schlafen. In den ganz schlimmen Momenten, die ich in den ersten Monaten nach dem Verbrechen hatte, in diesen Stunden, in denen ich fürchtete, ein Aufenthalt in einer psychiatrischen Klinik sei unumgänglich, hat mir seine Handynummer geholfen. Ich habe nie angerufen, aber ich wusste, dass ich sie habe und dass ich sie benutzen kann, wenn es nötig ist. Das hat mir gereicht.

Seitdem ich Dr. Lange kenne, sind meine Ängste nicht weg,

aber erträglicher. Dr. Lange meint, das läge an den Tropfen. Ich bin mir da nicht so sicher.

Dr. Lange ist ein sehr guter Psychiater. Ich kann das aus zweierlei Perspektiven beurteilen. Wahrscheinlich lästert er auch ab und zu über seine Patienten. Aber das ist mir egal. Es hat eine Zeit gegeben, in der ich froh und dankbar gewesen wäre, wenn auch mein Mann ihn kennengelernt hätte. Aber so weit ist es nicht gekommen, weil wir stattdessen nach Bad Sachsa gefahren sind.

Bad Sachsa macht alt

Bad Sachsa liegt im Harz und ist, wie der Name schon sagt, ein Kurort. Kurort im Harz wiederum ist gleichbedeutend mit: älteren Menschen, gähnender Langeweile, Dunkelheit, schlechtem Wetter, noch schlechterer Musik und abgestandener Limonade.

Ich kann das beurteilen, weil ich als wehrloses Kind mit meinen Eltern Wochenendausflüge in den Harz zu unternehmen hatte, mit Wanderungen um einen der zahllosen Stauseen, mit der Erkundung einer Tropfsteinhöhle oder dem Besuch eines Kurkonzerts – aus der Sicht einer Zehnjährigen war das wie die Wahl zwischen Pest, Cholera oder Lepra. Das einzig Gute an den Wanderungen waren die Spiegeleibrote meiner mittlerweile schon lange verstorbenen Tante Pia. Das einzige Gute an den Kurorten war der Märchenwald in Bad Sachsa, den es heute noch gibt. Eine erholungstechnische Alternative zum Harz war lediglich das Weserbergland. Auch nicht viel besser.

Ende April 2009. Eine frisch verheiratete Frau, zum Glück verpflichtet, sieht sich ratlos in ihrem neuen Leben um. Ihr Mann auch. Der erste Tag in Ruhe, ein verlängertes Wochenende vor der Tür, kein Besuch. Nichts zu erledigen, was nicht später hätte erledigt werden können Was machen wir jetzt, heute, morgen, übermorgen? Keine Idee. Schweigen. Ich möchte ans Meer. Schweigen. Ratlosigkeit. Unaussprechliches. Was machen wir mit diesem neuen Leben? Keine Antwort. Nicht mal ein Echo.

Der Mann, mein Mann, schaltet den Fernseher ein und wieder aus. Ich sitze in der Küche und blicke ins Nichts. Ich starre. Das

Nichts starrt zurück. Ich erinnere mich an eine Zeit in meinem alten Leben, in der wir nie Zeit hatten. So viele Ideen, Pläne, Unternehmungen, Verabredungen. Das ist lange her. Zeit im neuen Leben ist im Überfluss vorhanden. Was machen wir jetzt? Keine Idee. Schweigen.

Mein Mann trinkt zu viel und schläft zu wenig. Meine Zuviels und Zuwenigs sind andere. Ich rauche zu viel, esse zu wenig, schlafe nicht. Mein Mann sagt, der andere habe ihm seine Frau genommen, das Liebste, was er habe. Ich sage: Aber ich bin doch da. Sieh mich an – ich bin doch da. Nein, er hat dich mir genommen. Ich verstehe nicht, was er meint.

Ich sage, ich bin beschmutzt. Es klebt an mir. Nein, das bist du nicht. Nein, das tut es nicht. Wie kannst du so etwas sagen? Er versteht nicht, was ich meine.

Endlose Gesprächsschleifen. Vorwürfe: Du hast nicht auf mich gehört. Du hast nicht auf dich aufgepasst, wie du es mir versprochen hattest. Du hast dich nicht genug gewehrt gegen den. Warum nicht? Was war los mit dir? Wo waren die anderen? Die, die dir hätten helfen müssen? Das Messer. Warum hast du ihm nicht das Messer in den Hals gestoßen? Tränen. Warum sagst du das? Ich konnte nichts tun. Ich habe doch überlebt. Sag so etwas nicht. Bitte.

Es tut mir leid, es tut mir so leid. Ich will dir doch nicht wehtun. Ich bin nur so wütend.

Ich weiß. Ich auch, glaube ich, ohne es wirklich fühlen zu können. Ich möchte mein altes Leben wiederhaben.

Du bist doch jetzt bei mir. Bei mir bist du sicher.

Bestimmt? Bestimmt.

Und wieder von vorn. Endlos. Immer wieder das Alte aufs Neue.

Was machen wir jetzt? Keine Idee. Schweigen.

Es ist normal, in unnormalen Situationen unnormal zu reagieren, zu reden, zu fühlen. Und zu lieben.

Was machen wir jetzt?

Wir fahren nach Bad Sachsa. In dieses Hotel aus dem Prospekt. Wo ist er, der Prospekt? Hast du ihn weggeschmissen? Nein, das habe ich nicht. Ordnung fehlt im neuen Leben, aber schließlich findet sich das Heft.

Bad Sachsa ist nicht weit weg. Vielleicht hundert Kilometer, vielleicht etwas mehr oder etwas weniger. Schweigend sind aber auch zehn Kilometer viel zu weit.

Im Hotel gehe ich schwimmen. Niemand außer mir ist da, die älteren Herrschaften dürften bereits beim Abendessen sein. Oder beim Bridge. Oder beim Umsonst-Cocktail in der blauen Stunde. Kleine Aufmerksamkeit des Hauses. Danke. Bitte. Gern geschehen. Auf die Gesundheit, auf das Leben, auf das, was wir lieben, wenn wir nicht schon vergessen haben, was das ist oder mal war.

Ich schwimme hin und her. Das Wasser umgibt mich kühl, und ich fühle mich so nackt und Blicken ausgesetzt, die nicht da sind. Niemand ist da. Mein Mann ist im Zimmer. Ich weiß nicht, was er dort tut. Vielleicht schaltet er den Fernseher an und wieder aus. Und wieder an.

Ich schwimme. Plötzlich ein stechender Schmerz an der Innenseite meines Oberschenkels. Es durchfährt mich, ich steige aus dem Pool. Ich kann mit dem rechten Bein nicht mehr auftreten. Ich rufe meinen Mann an. Kannst du mich abholen kommen? Ich habe irgendwas am Bein. Ich humpele zum Fahrstuhl, auf meinen Mann gestützt.

In meinem alten Leben bin ich nie gern geschwommen. In meinem alten Leben habe ich mich im Bikini nie nackt gefühlt. In meinem alten Leben hatte ich nie Schmerzen an der Innenseite des Oberschenkels. Es ist erst drei Wochen her, dass mein altes Leben zu Ende gegangen ist. Vor drei Wochen habe ich ein Rheumabad genommen, weil ich den schlimmsten Muskelkater hatte. Mein Körper hat sich gewehrt. Er weiß noch nicht, dass er sich nicht länger wehren muss.

Später sitzen wir auf dem Balkon unseres Hotelzimmers, eingehüllt in weiße Bademäntel, deren Flauschigkeit mir unheimlich ist. Neu sind sie nicht. Oder? Wir essen geschmuggelten Käse und gespendetes Obst. Kleiner Gruß des Hauses. Danke. Bitte. Gern geschehen. Dazu gibt es Weißbrot. Teller, Besteck und Servietten brauchen wir nicht. Wir trinken Dosenbier, und ich versuche, mein immer noch schmerzendes Bein nicht zu belasten. Der letzte Abend des Aprils 2009 ist warm und angenehm, obwohl er in Bad Sachsa stattfindet. Wir sitzen auf diesem Balkon. Vom Kurpark klingt Musik herüber. Tanz in den Mai. Eine Coverband covert Rock, Pop, Hits. Die meisten Stücke kennen wir. Manchmal singen wir mit. Und wenn die Sache mit dem Bein nicht wäre – wer weiß, vielleicht würden wir tanzen.

Wir sitzen in weißen Bademänteln auf dem Balkon und hören zu. Und umarmen uns, wie zwei Klammeräffchen. Oder wie ein sehr altes, sehr weises, sehr einsames Ehepaar. Und alles fühlt sich richtig an.

Irgendwann werden wir wirklich ein altes Ehepaar sein. Ob sich dann noch alles richtig anfühlt, wird sich zeigen. So wie bei Mary und Helmut.

Mary macht Kohl

Mary heißt nicht Mary. Mary hat einen dieser harmlosen Namen aus den 50er Jahren, die heute aus der Mode sind. Mary wohnt in einem harmlosen Haus in einer harmlosen Straße in einer harmlosen Stadt in einem harmlosen Bundesland. Mary hat einen harmlosen Job. Mary ist mit dem harmlosen Helmut verheiratet, Mary ist eine meiner besten Freundinnen, Mary ist überhaupt nicht harmlos. Mary ist überhaupt nicht Durchschnitt. Mary ist etwas ganz Besonderes. Mary ist nämlich eine wandelnde Problemlösemaschine. Das mag daran liegen, dass Mary im Laufe ihres Lebens schon genug Probleme an der Backe hatte. Aber das kennen andere Menschen auch. Ich glaube, es liegt eher einfach nur an Mary. Na ja, von der Warte her ..., würde sie jetzt sagen. Das ist nämlich ihr Lieblingsspruch.

In meinem alten Leben war sie meine erste Beraterin in allen Liebes-, Berufs-, Bekleidungs- und Erziehungsfragen. In meinem alten Leben gab es Telefonate wie dieses:

»Ich weiß nicht, ich liebe ihn. Aber soll ich mich wirklich auf ihn einlassen? Soll ich mich wirklich scheiden lassen? Das ist alles so kompliziert. Ich weiß nicht, ob ich das schaffe. Soll ich das wirklich machen? Ich kann doch nicht ... Und wie soll das überhaupt enden? Und wenn ...«

Stille am anderen Ende. Das bedeutete noch nie etwas Gutes. Besser schnell weiterreden:

»Mary, du verstehst doch bestimmt, dass das alles wirklich furchtbar kompliziert ist. Was, wenn ich mich irre? Wenn er gar nicht so toll ist, wie ich denke? Und wenn es doch nicht gutgehen sollte? Was dann?«

Bloß keine Pause zulassen. Weiterreden. Immer weiterreden. Ihre Stimme unterbricht meinen Redefluss: »Jetzt halt mal die Luft an und hör mir zu.«

Und dann die Ansagen. Irgendwann muss ich lachen und den Zaubersatz sagen, der manchmal geeignet ist, sie zum Schweigen zu bringen. Ist ja gut. Du hast recht.

Na dann, von der Warte her …

Meine Mary. Sie war eine der Ersten, die mich in meinem neuen Leben begrüßt hat: Wenn du was brauchst, sag Bescheid. Ich bin da. Vorerst brauchte ich nichts von ihr außer diesem Satz. Ein solches Eine-Frau-Begrüßungskomitee tat gut.

Mary war meine Trauzeugin. Sie hatte an alles gedacht – Geschenke, Prosecco, Hochzeitstorte. Sie hat sogar daran gedacht, mir keine Fragen zu stellen oder Kommentare dazu abzugeben, wie ich aussah. Wie sollte eine Braut, die gerade in ein neues Leben geschmissen worden ist, schon aussehen? An meinem Hochzeitstag hat Mary für mich und um mich geweint. Sie weint sonst selten bis nie.

Im Sommer hat sie mich dann besucht. Und sich sofort an ihre Lieblingsbeschäftigung gemacht – Probleme lösen.

Ich hätte so gerne neue Vorhänge im Schlafzimmer.

Gut. Da gehst du zu und kaufst das und das und erkundigst dich vorher noch, ob …

Aha.

Ich habe ein Armband gesehen. Soll ich?

Was für eine Frage. Los, zieh dich an. Wir gehen da jetzt hin.

Aber …

Los. Komm.

Aha.

Mary, ich habe so oft Angst.

Klar. Das ist ja wohl das Normalste überhaupt. Da musst du jetzt durch.

Aha.

Ich vermisse meine Arbeit so sehr.

Logisch. Dann such dir eine Beschäftigung.

Aber …

Kein Aber. Mach Sport, lies was, geh zur Volkshochschule, übernimm ein Ehrenamt.

Aber …

Mensch, da gibt es jetzt keine andere Lösung. Andere Leute schaffen das auch.

Aber ich habe doch …

Vergiss es. Tu was. Du rufst jetzt da und da an und danach machst du …

Aha.

Mary, die wandelnde Problemlösemaschine mit einem Gold-Herzen. Manchmal muss sie zwar geölt oder justiert werden, manchmal macht sie Lärm und läuft unrund. Aber sie ist immer zuverlässig, immer wertvoll. Immer loyal – und das in einem Maß, von dem ich nicht weiß, ob ich es selbst erfüllen könnte.

Irgendwann habe ich Mary besucht. Wir waren um 13 Uhr bei ihr zu Hause verabredet. Ein Anruf: Ich verspäte mich. Aber Helmut ist da. Warte auf mich, ich komme dann bald.

Ich verspäte mich, aber Helmut ist da. Helmut. Okay. Ich klingele, Mary wird bald kommen. Ich kann nicht. Ich kann nicht alleine mit Helmut in diesem Haus sein. Bist du bescheuert? Das ist Helmut. D e r Helmut. Du glaubst doch nicht im Ernst, dass Helmut dir …. Also wirklich. Jetzt mach mal einen Punkt. Ich kann nicht. Ich weiß, dass das Helmut ist. Nur Helmut. Helmut tut mir nichts. Das weiß ich doch. Aber das habe ich von dem anderen

auch gedacht. Ich habe mich geirrt. Was, wenn ich mich auch in
Helmut irre? Was dann? Du hast einen Knall. Willst du so leben?
Angst vor allem und jedem, sogar vor Helmut? Himmel, wo soll das
denn noch hinführen mit dir? Direkt in die Klapse? Park jetzt und
klingele. Angst vor Helmut – das ist doch lächerlich! Aber Helmut
ist groß. Er hat bestimmt viel Kraft. Ich könnte mich niemals gegen
ihn wehren. Hallo! Hallooo! Wir reden über Helmut. Gegen einen
Helmut musst du dich nicht wehren. Hallo, hörst du mich?

Ich habe Angst. Ich parke drei Straßen weiter und warte, bis ich
mir sicher sein kann, dass Mary zu Hause ist.

Wo warst du noch so lange?

Ich habe ihr eine fadenscheinige Erklärung gegeben. Das tut
mir leid, Mary. Aber ich konnte damals nicht anders. Es war doch
alles noch nicht so lange her, mein neues Leben war doch noch
ganz neu. Mary wärmt den Kohleintopf auf. Kohleintopf? Ausgerechnet Kohl? Keiner zwingt dich, das zu essen, meine Süße. Wir
lachen. Mit Mary lacht es sich immer gut.

Rentner Helmut, seit Menschengedenken mit Mary verheiratet, mümmelt vor sich hin. Zufrieden. Und er erzählt das Neuste,
druckfrisch aus der Zeitung mit den vier großen Buchstaben.
Und Mary sagt etwas. Und Helmut sagt etwas. Und Mary sagt
wieder etwas. Und Helmut auch. So geht es hin und her, und es
klingt falsch und fühlt sich richtig an. So war es, und so ist es,
und so wird es bleiben. Es muss so bleiben. Kein neues Leben für
Helmut und Mary! Am Ende wird Mary Helmut zur Schnecke
machen. Und Helmut-Schnecke wird knurrend hinaushumpeln.
Die Knie wollen auch nicht mehr so richtig. Wieso Knie? »Kein
Gelenk der Welt könnte dein Gewicht tragen. Wie wär's denn mal
mit Abnehmen?« Das wird Mary sagen.

»Alles Muskeln«, sagt Helmut.

»Der Alte geht mir echt auf den Zeiger. Aber der ändert sich nicht mehr.« Also, von der Warte her ...

Hauptsache, du änderst dich nicht, Mary. Und Hauptsache, du bleibst meine Freundin. Und Hauptsache, du gibst mir irgendwann mal die Chance, mich für deine Normalität zu bedanken. Wie und womit auch immer. Meine Lieblingstasche hast du mir ja schon vor Jahren abgeschwatzt. Aber da fällt mir ein: Willst du das Buffet meiner Großtante Anna haben? Platz hast du doch genug.

Na ja, von der Warte her ...

Tante Anna macht alles richtig

Tante Anna ist gar nicht meine richtige Tante, und weshalb sie Tante Anna heißt, weiß ich nicht. Ich weiß wenig über die familiären Verflechtungen und Verstrickungen in dem kleinen niedersächsischen Dorf, dem meine Familie mütterlicherseits entstammt. Heute ist es auch kein Dorf mehr, sondern Vorort einer größeren Stadt mit schicken Neubauvierteln, den unvermeidlichen Einfamilienhäusern im Toskana-Stil, die der Bank gehören, mit Einkaufsstraße und Möbelmarkt auf der ehemals grünen Wiese. Den alten Dorfkern gibt es aber noch. Dort wohnten Tante Anna, Tante Lisbeth, Tante Lina, die Familienhexe, und mein versoffener Großvater nebst Familie.

Wer mit wem wie und warum verwandt war, hat mich als Kind nicht interessiert, nicht als Jugendliche. Und heute? Heute ist es zu spät für Recherchen.

Vor Jahren hat mir Tante Anna ein Eichenbuffet vermacht. Aufpoliert begleitete es mich auf meinen diversen Umzügen quer durch die Bundesrepublik, stand in Studentenzimmern, in kleinen Wohnungen, in großen Wohnungen, in gemieteten Häusern. Heute enthält es eine stattliche Sammlung weißen Porzellans, das so gut wie nie benutzt wird, ein paar Tischdecken, die auf den Weg in den Altkleidersack warten, Weingläser und jede Menge CDs. Schon toll, so ein Buffet, Baujahr circa 1910. Unkaputtbar.

Aber nun, in meinem neuen Leben, habe ich keinen Platz mehr für ausladende Schränke aus Massivholz, was ausnahmsweise nicht symbolisch gemeint ist. Platz im Sinne von Platz. Platz im Sinne von Wohnraum. Mehr nicht.

Über Tante Anna weiß ich sehr wenig, eigentlich nichts. Sie soll nett sein, freundlich, umgänglich, was ja schon mal was bedeutet in einer Sippe, die unter anderem den größten Säufer, Schläger und Choleriker hervorgebracht hat, den die Kneipen des kleinen niedersächsischen Dorfes je gesehen haben. Die Lieblings- und Stammkneipe meines allseits denkbar unbeliebten Großvaters hieß übrigens »Zum blauen Affen«. Auf solche Namen muss man erst mal kommen.

Zurück zu Tante Anna: Sie sei nett und umgänglich. Gläubig auch. Natürlich gläubig. Da, wo meine Wurzeln vielleicht immer noch versuchen zu überleben, sind alle gläubig. Von einem Ehemann oder von Kindern habe ich nie etwas gehört. Ich glaube aber, Annas Mann ist im Feld geblieben. So nannte man das wohl.

Jahre später. Ich sitze, mittlerweile in meinem neuen Leben, meiner Mutter beim Frühstück gegenüber. Knäckebrot. Gersterbrot, Käse, Wurst, Marmelade. Eingelegte Gurken und Budapester Salat vom Laden um die Ecke. Ein kläglicher Rest göttlichen Käsesalats. Selbstverständlich für mich.

Tränen in den Augen meiner Mutter. »Wenn ich bedenke, dass ich fast am Grab meines eigenen Kindes hätte stehen müssen.«

»Bitte, bitte nicht, Mama. Bitte nicht.«

»Erzähl mir was, Mama. Erzähl mir was von früher.« Einfach so über den Frühstückstisch geworfene Worte. Von früher erzählen hat früher immer geholfen – bei Halsweh, Fieber, Liebeskummer, schlechten Noten. Erzähl mir doch von früher, Mama.

»Ich habe mich auf dem Dachboden versteckt, als das mit Tante Anna passierte. Ich bin mit meiner Schwester die Stiege zum Dachboden hochgeklettert, dann haben wir ganz leise die Klappe zugemacht und uns aneinandergeschmiegt. Wir waren keine

Mädchen mehr, aber auch noch keine Frauen. Wir hatten Angst. Wir haben uns die Münder zugehalten. Wir hatten solche Angst, dass sie uns auch finden. Dort droben auf dem Dachboden, auf dem es nach getrockneter Mettwurst und Wäsche roch. Diesen Geruch werde ich nie wieder vergessen. Wir haben Tante Anna schreien gehört, als die Soldaten kamen. Das waren Amerikaner. Auch Schwarze. Wir hatten noch nie Schwarze gesehen. Die haben uns auch solche Angst gemacht. Wir kannten das doch alles nicht. Die haben Tante Anna vergewaltigt. Damals hat man gesagt ›geschändet‹. Die haben Tante Anna geschändet und sind dann irgendwann weitergefahren in ihren Jeeps. Ich weiß nicht, wohin. Wir Mädchen haben uns erst Stunden später runtergetraut. Anna hat geweint und wir haben das alles gar nicht richtig verstanden. Wir Mädchen. Anna war dann bei einer offiziellen Stelle, Polizei oder beim Kommandanten. Ich weiß nicht, ob jemand etwas unternommen hat. Wir waren ja die Besiegten. Anna war auch besiegt.«

»Warum hast du mir das noch nie erzählt, Mama?«

»Möchtest du noch Kaffee, Kind?«

»Ja, bitte.«

Tante Anna wird in den nächsten Tagen neunzig, sagt meine Mutter. Diese gute Seele. So dankbar, dass ihr der Herrgott ein langes Leben beschert. Tante Lina, die Hexe, lebt schon lange nicht mehr. Die kreist noch vorm Himmel. Die kommt auch nicht rein, sagt meine Mutter.

»Und was sollen wir heute Abend essen?«

»Wir bestellen uns eine Pizza mit Thunfisch, okay?«

Manchmal hilft nur noch Pizza. Ich glaube, ich habe meine nicht ganz aufgegessen. Der Rest wanderte in den Müll. Wer weiß, wer sie dort gefunden hat, die halbe Pizza mit Thunfisch, Zwiebeln und Kapern.

Armut macht keinen Spaß

Vor einigen Wochen habe ich in der Stadt, in der ich mein neues Leben lebe, den Müll, den ich in meinem neuen Leben produziere, zum Müllcontainer getragen. Zwei Plastiktüten und ein verblühtes Margeritenbäumchen. Hochstamm. Wie immer trotz bester Pflege rasch eingegangen. Ich hatte noch nie ein glückliches Händchen für und mit Margeritenbäumchen.

Am Müllcontainer steht ein Mensch, den ich nicht kenne. Ich kann nicht sagen, ob Mann oder Frau. Ich kann nur sagen: alt, gebeugt, langes, wirres, graues Haar. Braungraues Gesicht, unklar, ob von der Sonne oder vom Schmutz. Falten. Dreckige Kleidung: Hose und irgendwas drüber. Auch undefinierbares Graubraun. Dafür, dass ich nicht hingesehen habe, habe ich eine Menge gesehen, finde ich.

Neben der Ökotonne ein Rucksack. Schmierig. Leer? Leer. Ich sehe weiter nicht hin und merke doch alles: Er oder sie zieht ein Kleidungsstück aus der Tonne für den Restmüll. Er/Sie zieht das Kleidungsstück, ein alter Pullover scheint es zu sein, heraus, faltet ihn auseinander, begutachtet ihn. Flüchtig fühle ich mich an einen Besuch in einer Boutique erinnert: Pullover aus dem Regal nehmen, auseinanderfalten, prüfen. Und »och nee« denken. Auf Wiedersehen. Klingeling macht die Türglocke.

Ich weiß nicht, was er/sie mit dem Pullover gemacht hat. Gab es noch mehr Beute in dem, was wir wegschmeißen? Der Mensch hat mich nicht beachtet, nicht begrüßt, nicht angesehen. Keine Scham. Nur große Konzentration. Wie am Wühltisch bei C&A.

Ich schmeiße meine Mülltüten weg und stelle das Margeriten-bäumchen neben die Ökotonne. Es ist verblüht, aber eigentlich sieht es trotzdem noch ganz passabel aus, denke ich plötzlich.

Ich lasse das Bäumchen stehen und erledige die Dinge, die ich dringend zu erledigen habe oder auch nicht. Mir fällt ein Satz ein: Es ist schon über so viele Dinge Gras gewachsen, dass man bald keiner Wiese mehr trauen kann.

Ich weiß nicht, von wem er ist, und ich weiß nicht, warum er mir gerade jetzt einfällt. Aber er ist gut. Und ich bin dankbar. Für diesen Satz und für die Fülle. Für so vieles, für das ich keinen Namen habe. Dankbar fürs Überleben.

Als ich wiederkomme, sind sie verschwunden – der Mensch und mein Margeritenbäumchen. Verschwunden wie damals die Maiglöckchen.

Vor einigen Tagen bin ich vom Einkaufen nach Hause gekommen. Ich habe einen gut gefüllten Einkaufskorb und eine Kiste Bier vor der Haustür abgestellt, ehe ich mein Auto in die Garage gefahren habe. Er/Sie wühlte wieder in den Mülltonnen, sah mich nicht, ignorierte mich in meiner Normalität und Sauberkeit. In meinem Reichtum.

Als ich zurückkehrte, fünf bis zehn Minuten dürften wohl zwischenzeitlich vergangen sein, war der Mensch schon wieder fort. Sein Weg musste ihn an meinen Einkäufen vorbeigeführt haben. Es fehlte nichts.

Aber die Maiglöckchen sind nie wieder aufgetaucht. Damals.

Nur Holländer machen Aprilglöckchen

Meine Hochzeitsschuhe. Vergessen im alten Leben. Mein Schmuck. Vergessen im alten Leben. Meine Strümpfe. Vergessen im alten Leben. Wir können doch jetzt nicht mehr heiraten. Und nun erst recht, hat er gesagt. Ohne passende Schuhe, passenden Schmuck, passende Strümpfe. Und ohne zu wissen, ob das neue Leben passt.

Vor vielen, vielen Jahren, in einem ganz anderen Leben, war ich auf einer Fortbildungsreise in Prag. Vorher in Auschwitz, hinterher in Theresienstadt. Ich habe dort, wie so viele andere Menschen vor und nach mir, Schreckliches gesehen. Nur gesehen, nicht erlebt. Dank der Gnade der späten Geburt.

Es war Frühsommer in Prag. Am Ausgang einer U-Bahn-Station stand eine sehr alte Frau mit Kopftuch und runzeligem Gesicht und hat Maiglöckchen verkauft. Ich habe einen kleinen Strauß mitgenommen, ohne eine Vorstellung davon zu haben, wie ich ihn nach Hause bekommen sollte. Er lag dann noch Tage im Koffer, tagsüber haben die Maiglöckchen verschiedene Zahnputzbecher verschiedener Hotels kennengelernt und erst daheim eine Vase bekommen. Ich kann es nicht erklären, aber ich hatte diesen Maiglöckchenstrauß noch sehr lange. Tapfere Maiglöckchen. Vielleicht kann ein Botaniker etwas dazu sagen. Ich kann es nicht. Fest steht, diese Maiglöckchen haben mir viel Freude gemacht vor vielen Jahren, als ich noch nicht wusste, dass man aus seinem Leben in ein anderes fallen kann.

Als ich das dann wusste, war mir klar – ich werde nur mit

Maiglöckchen heiraten. Ich möchte einen Hochzeitsstrauß. Aus Maiglöckchen.

Aus Maiglöckchen? Das wird aber schwierig zu dieser Zeit. Da muss ich erst mal beim Großhändler nachfragen.

Bitte. Es ist wirklich wichtig für mich.

Aber es gibt doch auch so schöne andere Sachen. Cremefarbene Rosen zum Beispiel. Die werden auch immer gerne genommen.

Nein, ich möchte Maiglöckchen.

Gut, ich probiere es. Sie sollten aber doch schon mal überlegen, was Sie nehmen, wenn ich keine bekomme.

Dann nehme ich nichts. Ich nehme nur Maiglöckchen.

Tja, wenn Sie meinen. Und wenn überhaupt, bekomme ich die auch nur aus Holland. Holländische aus dem Treibhaus. Und billig wird das nicht.

Macht nichts. Ich brauche die Maiglöckchen. Kann man Maiglöckchen eigentlich trocknen?

Das können Sie total vergessen. Das geht auf gar keinen Fall. Maiglöckchen kann man nicht trocknen und die aus dem Treibhaus erst recht nicht. Viel zu empfindlich. Bei Rosen sieht das natürlich ganz anders aus. Kein Problem bei Rosen.

Nein, ich will Maiglöckchen.

Die Hochzeit. Mit falschen Schuhen. Falschem Schmuck. Falschen Strümpfen. In einem Leben, das sich vielleicht als falsch herausstellen würde. Wer weiß. Aber mit einem ganzen Arm voller Maiglöckchen. Aus Holland oder vom Mars – ganz egal. Maiglöckchen. Ohne anderes Grünzeug. Schlicht und wunderschön. Ein wunderschöner Strauß, hat die Frau gesagt, die die Maiglöckchen besorgt hat. Woher auch immer. Sie hat es ganz ernst und ehrlich gemeint.

Wie schön – Maiglöckchen. Sagte auch die Standesbeamtin. Sie war ganz aufgeregt. Ihre erste Trauung. Als wir in das

Trauzimmer der pompösen Jugendstilvilla gegangen sind, Hand in Hand, Herz an Herz, Schmerz an Schmerz, lief das Lied der schlafenden Sonne:

For my dreams I hold my life
For wishes I behold my nights
The truth at the end of time
Losing faith makes a crime.

Ich habe die Maiglöckchen auf dem Balkon getrocknet. Nicht eine der kleinen Blüten ist abgefallen. Nur der Geruch war etwas gewöhnungsbedürftig. Eine Mischung aus Friedhof und Hoffnung. Eigenartig. Ich habe den Strauß eines Abends ins Treppenhaus gelegt, in dem es sowieso immer modrig riecht. Ob mit oder ohne Maiglöckchen. Altbau eben. Sehr alter Altbau. Es sah nach Regen aus. Am anderen Morgen war das, was von meinem Hochzeitsstrauß übrig geblieben war, verschwunden. Es hatte doch nicht geregnet in dieser Nacht. Ich war traurig. Heute denke ich, manchmal ist die Erinnerung besonders wertvoll. Meine Maiglöckchen werden immer die schönsten sein, die ich je hatte. Unsterblich. Wie manche Geschichten. Die richtig guten. Die von Ingo zum Beispiel.

Der Herr macht es möglich

Was will der hier? Ich decke den Frühstückstisch. Eier. Ja, ich muss noch Eier kochen. Ein gutes Ei braucht sieben Minuten. Wo ist das Salz? Da. Der Streuer kippt um. Salz verschütten bringt Unglück. Bitter. Ich glaube nicht, dass ich noch mehr Unglück brauchen kann. Ich brauche auch keinen Pfarrer, für den ich Frühstück machen muss. Das brauche ich ganz sicher nicht. Erst recht nicht, wenn er katholisch ist. Der Wunsch meines Mannes. Er wünscht sich wenig. Er ist nicht anspruchsvoll. Er ist so anders als ich. An einem der ersten Tage meines neuen Lebens wünscht er sich, dass Ingo mit uns frühstückt. Und er wünscht sich, das alles wäre nicht passiert. Nie. Wünsche – das ist etwas für kleine Kinder und für Idioten. Ich bin ärgerlich. Ich decke den Tisch weiter und übe mich in Konversation. Ich bin darin schlecht heute. Meine Sprache will sich dem neuen Leben nicht beugen. Sie tut so, als sei sie noch im alten.

Ich decke den Tisch. Ja, es ist ein besonders warmer Tag heute. Ein warmes Frühjahr haben wir. Schön. Der Winter war lang genug. Motorradwetter. Ja, richtig. Und Sie fahren welche Maschine? Ach, wie interessant. Kein Stau auf der A2? Prima, das freut mich aber. Milch? Ja, gerne, natürlich, sofort. Es ist zum Kotzen. Mir ist zum Kotzen. Mein Mann spricht auch. Ich habe vergessen, worüber. Es ist auch völlig unwichtig. Warum gehe ich nicht einfach? Ich kann nicht. Ich habe solche Angst vor dem, was mir da draußen auflauern könnte.

Er fragt nichts. Keine Fragen. Wie geht es Ihnen? Wie gehen

Sie damit um? Kann ich etwas für Sie tun? Keine Fragen. Erstaunlicherweise. Pfarrer fragen immer. Zu viel und das Falsche. Besonders die katholischen. Traue ihnen nie, weil sie kein Interesse an den Antworten haben. Mich irritiert, dass er nichts fragt. Es verunsichert mich. Er tut so, als sei alles völlig normal. Was ist daran normal, wenn eine fremde Frau in einem fremden Leben für einen fremden Menschen Frühstück macht? Ich bin ungerecht und ich weiß das. Ich weiß das und das macht mich traurig. Die Traurigkeit verunsichert mich. Wenn ich unsicher bin, werde ich schnell ungerecht. Ich weiß das.

Er ist hier, weil mein Mann sich das gewünscht hat. Mein Mann kennt ihn von früher. Er sagte, der, der gerade sein Ei abpellt, sei ein Mensch. Diesen Ehrentitel verleiht mein Mann nur sehr selten. Er sei ein Mensch. Ja, das hat er gesagt. Und sich gewünscht, dass er unsere Eheringe segnet. Das ist der Grund seines Besuchs.

Unsere Eheringe sind am Tag zuvor per Post gekommen. Direkt aus der Stadt, in der ich mein altes Leben verloren habe. Von einem Juwelier, einem Künstler mit langen Haaren, nikotingelben Fingern und einem Rehpinscher, der Erwin heißt und viel kläfft. Rehpinscher sind out, lange Haare sind out. Rauchen sowieso. Und das macht diesen Künstler zu etwas sehr Besonderem.

Wir hatten sie in der Auslage gesehen. Eheringe aus Kupfer und Silber. Handgeschmiedet nach alter japanischer Technik. Sehr besonders. Wir hatten schon immer ein Faible für das Besondere. Im Guten wie im Schlechten.

Der Frühstückstisch ist abgeräumt. Die Eheringe liegen in der Mitte unseres zerkratzten Holztisches in einem Kästchen. Neu und unschuldig. Noch nicht ahnend, zu welchen Händen sie gehören werden. Neu, unschuldig und glänzend.

Mein Mann stellt ein Teelicht daneben. Und einen kleinen Buchsbaumzweig, fast vertrocknet, den unser Künstler mitgeschickt hatte. Ein Gruß aus einem anderen Leben und einer anderen Zeit.

Wir sitzen. Ingo steht. Wir blicken in die Kerze und auf die Ringe und den Buchsbaum. Schweigen. Wir schweigen, bis Ingo anfängt zu sprechen.

Was soll das? Was mache ich hier eigentlich? Ist das irgendwann mal zu Ende? Peinlich. Das ist irgendwie alles peinlich.

Was er dann sagt, geht nur ihn, uns und Gott etwas an. Mein Mann weint. Ich versuche zuzuhören und verstehe nichts. Ich halte seine Hand. Zumindest wünsche ich mir, dass ich es getan habe. Damals in der Küche, einen Tag vor unserer Hochzeit.

Ich höre Ingos Worte und denke, das alles hier ist Menschenwerk. Und ich spüre: Nein, das ist es nicht.

Ingo segnet die Ringe. Menschenwerk?

Der Ring, der in dem Moment, in dem ich diese Zeilen schreibe, an meiner rechten Hand blitzt. Immer noch glänzend, aber nicht mehr wie neu. Und nicht mehr unschuldig. Der Ring meines Mannes ist viel dunkler geworden im Laufe der Zeit. Die dunkle und die helle Seite einer Seele. Sagt mein Mann. Oxidation, sagt der Künstler. Kein Menschenwerk, sage ich.

Sag mal, fragte mein Mann mich irgendwann: Enthält dein Buch eigentlich auch Selbstkritik? Nö. Dann nenn es doch besser »In meinem Himmel ist Jahrmarkt«. Sprach's und verschwand. Humor hat er, das muss ich ihm lassen.

Ich blicke auf meine rechte Hand und dann aus dem Fenster. Ich sehe einen klaren, blauen Sommerhimmel. Meinen Himmel. In meinem Himmel ist Jahrmarkt. Und die Karussells drehen sich schnell, die Musik ist laut und aufdringlich, die Stimmen der Losverkäufer halten dagegen. Alles ist viel zu laut, zu schnell, zu chaotisch, zu bunt, zu schrill. Und manchmal findet der Jahrmarkt sogar auf der Autobahn statt.

Frau Bergmann macht Probleme

Wir sind auf der Rückfahrt nach Hause. Der Nachmittag war schön. Wenig Verkehr auf der Bundesstraße, die uns durch die Heide führt. Vor nicht so langer Zeit gab es hier noch Stände mit Heidelbeeren. Die »dicken Blauen«, so hießen sie und so schmeckten sie auch. Die Sonne scheint und ich merke, dass etwas nicht stimmt, dass sich etwas Ungutes ankündigt. Zu viel Kaffee? Vielleicht. Zu viele Zigaretten? Bestimmt. Wir fahren weiter. David, mein wunderbarer Sohn, fährt. Er fährt wie immer: konzentriert, sicher, glücklich und stolz.

Begleitetes Fahren. Führerschein mit siebzehn. Er ist stolz und gelassen. Da wir mittlerweile bereits einige Kilometer in dieser Konstellation hinter uns gebracht haben, kralle ich mich nicht mehr mit schweißnassen Händen im Beifahrersitz fest, aber entspannt geht irgendwie auch anders. Es fühlt sich einfach komisch an, wenn der kleine Scheißer, dem ich vorgestern noch die Windeln gewechselt habe, eigenverantwortlich 135 PS plus Turbolader durch die südöstliche Heide steuert. Verkehrte Welt. Ich merke, etwas stimmt nicht. Ich merke aber auch, es hat nichts mit dieser Form der verkehrten Welt zu tun.

Ich muss mal. David hält an einem Feldweg. Ich steige aus, gehe in die Büsche.

Das Grün verwirrt mich. Es ist so viel. Die Straße, der Verkehr. Und noch hundert Kilometer vor uns. Ich bin verwirrt. Durcheinander. Ich überblicke das alles nicht mehr. Ruhig. Bleib ruhig. Es ist doch alles in Ordnung. Du hast zu viel Kaffee getrunken. Dein

Kreislauf spielt verrückt. Trink gleich im Auto einen Schluck Wasser. Dann wird es wieder gehen. Ja. Wasser. Wasser ist gut. Warum fühlt sich alles so eigenartig taub an?

Ich trinke Wasser, wir fahren weiter.

Vielleicht sollte ich besser fahren. Nein, das solltest du nicht. Du kannst so nicht fahren. Ich kann immer fahren. Ich müsste auch fahren, wenn ich alleine wäre. Ja. Aber du bist nicht alleine. David fährt gut. Lehn dich zurück. Genieß den Ausblick. Bald ist Herbst. Bald sind die Blätter gelb und dann nicht mehr da. Lehn dich zurück. Versuch dich zu entspannen. Atme. Vergiss das Atmen nicht. Ja, ich atme. Trotzdem habe ich keinen Überblick mehr über das, was passiert. Ich blicke nicht mehr durch. Was ist nur los mit mir? Ich will nicht, dass David auf die Autobahn fährt. Das halte ich nicht aus. Das ist mir alles zu viel. Atme. Es gibt keine Alternative zur Autobahn und das weißt du. Atme. Und trink noch einen Schluck Wasser. Vergiss nicht zu atmen.

Wir versuchen eine Unterhaltung. Meine Antworten: einsilbig. Meine Gedanken: wirr. Ich kenne diesen Zustand. Ich verliere mal wieder den Überblick und ich hasse mich dafür. Es gibt doch keinen Grund. Und ich fühle mich unfähig, das, was in mir passiert und was ich nicht verstehe, meinem siebzehnjährigen Sohn zu erklären.

Mein Baby. Fast zwei Meter groß, aber auch dafür viel zu schwer. Mein Baby mit himmelblauen Baby-Augen und einem runden Baby-Gesicht. Mein Baby mit einem hinreißenden Humor und einer überzeugenden Schlagfertigkeit. Mein Baby mit den schlechten Noten und hochgesteckten Zielen. Mein Baby, das so musikalisch ist, aber zu faul zum Klavierüben. Mein Baby, das supergut zeichnen kann, aber Sozialarbeit studieren will. Mein Baby, das beim Football Gegner umhaut, aber Tiere so zärtlich in seinen Pranken halten kann. Mein Baby. Schuhgröße 49, zerrissene Jeans und ein unerschöpfliches Repertoire an unwiderlegbaren Sätzen: Da kann ich nichts für. Das kann ich mir gar nicht erklären. Das habe ich doch nicht mit Absicht gemacht. Das haben uns die Lehrer aber vorher nicht gesagt. Das wusste ich nicht. Das habe ich vergessen. Keine Ahnung.

Wenn ich für jedes »Keine Ahnung« der letzten fünf Jahre einen Euro bekommen hätte, wäre ich reich. Mein geliebtes, mein einziges Baby. Mein Sohn, mit dem ich heftig streiten und noch heftiger lachen und toben und angeben kann.

Mutter und Sohn. Vor einigen Wochen, ich war noch ganz frisch in meinem neuen Leben und David dachte, ich sei noch im alten, waren wir alleine. Wir schauten fern. Und da kam er, dieser Gedanke, für den ich mich heute noch schäme, obwohl es nichts zu schämen gibt: Was ist, wenn er dich angreift? Chancenlos. Ich schäme mich dafür, so wie ich mich dafür schäme, meinen Mann in unserer Küche angeschrien zu haben: Leg das Messer weg. Leg sofort das Messer weg. So wie ich mich dafür schäme, meinen Mann nachts geweckt zu haben: Sag, dass du mir nichts tun wirst. Sag, dass du mich nie fesseln wirst. Sag es. Sofort. Er hat es gesagt. Ich bin doch nicht er. Du darfst uns doch nicht miteinander verwechseln. Auch das hat er gesagt in dieser Nacht.

David, Wolfram – ihr sollt wissen, dass ich mich dafür schäme. Ihr müsst wissen, dass ich es nicht ändern konnte. Damals. David, deine Worte wären in diesem Fall: Das kann ich mir gar nicht erklären. Das habe ich doch nicht mit Absicht gemacht. Ich weiß – das ist nicht komisch. Soll es auch nicht sein.

Mann und Frau. Vor einigen Tagen. Er sagt, ich brauche mal deine Meinung als Psychologin. Ich sage sie ihm, die Meinung.

Ihm gefällt nicht, was er hört: Na ja, mit deiner psychologischen Meinung hast du ja auch schon mächtig danebengelegen, stimmt's? Das war auch nicht komisch. Sollte es aber wohl sein. Hoffe ich.

Wir fahren weiter. Wir fahren auf die Autobahn. David fährt zügig, aber nicht zu schnell. Ich atme durch.

Gut. Gut. Alles gut. Noch achtzig Kilometer. Wenig Verkehr. Das schaffst du. Zu Hause legst du dich hin. Einfach nur ein bisschen Ruhe. Ruhe in die Gedanken bringen. Nur noch achtzig Kilometer. Gleich ist es geschafft, alles ist gut.

David fährt auf der mittleren Spur, 120 km/h. Der alte, treue Diesel schnurrt.

Stau. Ganz plötzlich. Links von uns: ein LKW. Vor uns: ein LKW. Rechts: ein LKW. Ich erkenne dahinter Schallschutzwände. Links und rechts. Wir stehen.

Ich muss hier weg. Ich muss hier weg. Ich kann nicht weg. Ich kann nicht raus. Ich kann nirgends hin. Ich muss hier weg. David. David. Hilf mir. Ich muss hier weg. Ich muss hier weg. Weg.weg. Weg. Wegwegwegwegweg.

Alles klar, Mama?

Mir geht es gerade nicht besonders gut.

Hm.

Mein Mund ist trocken. Mein Herz rast. *Wegwegwegwegweg.* Nur weg.

Fahr bitte auf die rechte Spur.

Wieso denn?

Frag nicht. Fahr! Ich schreie fast.

Ich kann doch jetzt nicht einfach …

FAHR! Noch ein Schrei.

Warum hört mich niemand? Warum erlöst mich niemand? David, hilf mir. Nur gedacht. Nicht geschrien. Nehme ich an.

Blinker. Der rechte LKW bewegt sich einige Meter, der folgende lässt uns vor.

Wir stehen auf der rechten Spur. Ich angele die Beruhigungstabletten aus meiner Tasche. Eine lege ich auf meine Zunge. Nur eine. Zwei wären besser. Oder drei. Oder alle. David sagt nichts. Wir stehen. Ich lege den Kopf nach hinten und meine Hand auf die Stirn. Sie kühlt nicht. Sie liegt nur da, schwer und feucht und bedrohlich. Ich werde ruhiger.

Versuch, von der Autobahn runterzufahren. Nimm die nächste Abfahrt.

Mach ich. Kann aber noch dauern, bis eine kommt.

Fahr auf die Standspur, mach Warnblinklicht an und fahr ganz langsam bis zur nächsten Ausfahrt.

Das darf man doch nicht, Mama.

Bitte, David.

Meine Zunge ist pelzig, meine Glieder sind schwer. Künstliche Ruhe. Chemische Ruhe. Sprache verwaschen. Keine Angst, kein Überblick, keine Gefühle. Taub.

Er tut, um was ich ihn gebeten habe. Er tut, was seine Mutter, dieses Wrack, ihm sagt. Er tut es auch in ihrem neuen Leben. Er fragt nichts. Er sagt nichts. Keine Diskussionen.

Wir verlassen die Autobahn und nehmen die Landstraße. In etwa weiß ich, wo wir sind. In etwa kenne ich den Weg. Zumindest das.

Ich bin erschöpft. David fährt in die Dämmerung. Mein Mann ruft an. Wo bleibt ihr? Ich spreche es aus – wir waren im Stau. Ich hatte eine Panikattacke. Komm nach Hause. Er spricht noch kurz mit seinem Stiefsohn. Ich weiß nicht, was er zu ihm sagt. Ich weiß nicht, was David ihm antwortet. Ich bin zu erschöpft, um zuzuhören. Es interessiert mich auch nicht.

Wir brauchen sehr lange, bis wir endlich zu Hause sind.

Einige Tage später. Wir fahren eine Schnellstraße entlang. Ich fahre. Mein Baby lümmelt auf dem Beifahrersitz rum. Ich habe vergessen, warum es nicht andersrum war.

Was ist das eigentlich, was du hast, Mama?

Ich brauche nicht nachzufragen. Ich weiß genau, was er meint. Und ich versuche erst gar nicht, passende Worte zu finden. Es ist lange vor Beginn meiner Verwandlung.

Weißt du, Menschen, die solche Dinge wie ich oder Ähnliches erlebt haben, verändern sich. Gewalt verändert. Dieses Phänomen hat auch einen langen wissenschaftlichen Namen, aber ich will es mal so erklären: Ich habe ständig das Gefühl einer diffusen Bedrohung. Das ist immer da. Ich habe Angst vor Menschen, vor geschlossenen Räumen, vor allen Situationen, aus denen ich nicht sofort rauskann. Ich erschrecke schneller als früher. Ich bin wacher, immer auf der Hut. Immer auf das Schlimmste eingestellt. Ich laufe immer zu hochtourig. Manchmal schiebt sich so eine Art Folie zwischen mich und die Welt. Dann bin ich von allem ausgeschlossen. Manchmal habe ich das Gefühl, den Überblick zu verlieren. Ich kann mich immer nur auf eine Sache konzentrieren, viele Dinge gleichzeitig verkrafte ich nicht. Dann verliere ich den Überblick. Laute Geräusche stören mich viel mehr als früher. Das Leben, alles fühlt sich anders an. Manchmal glaube ich, in den sieben Stunden, in denen er mich in seiner Gewalt hatte, hat sich mein Gehirn verändert. Es ist nicht mehr das Gehirn von früher. Komisch, oder? Gleichzeitig will ich aber sein wie früher. Und andere Leute mit ihren Hamsterköttel-Problemen nerven mich. Ich messe alles an mir. An unserem Schicksal. Das ist ungerecht, ich weiß. Irgendwo habe ich gelesen, ein Trauma setzt Maßstäbe. Damit war wohl gemeint, dass sich alles und jeder an dem messen lassen muss, was hinter mir liegt. Ich fand den Satz irgendwie sehr klug. Und dann denke ich wieder, dass ich doch so viel

Glück gehabt habe. Er hätte mich auch umbringen oder noch schlimmer verletzen können. Mir richtig wehtun können. Und da waren ja auch noch ganz andere Typen. Wenn die mich in die Finger bekommen hätten – nicht auszudenken. Und mich nervt total, wenn ich den Eindruck habe, andere Leute fassen mich mit Samthandschuhen an. So ganz opfermäßig. Ich will normal behandelt werden und dann auch wieder nicht. Alles ganz schön kompliziert.

Ich rede und rede und rede. Ich rede die Dämonen weg. Ich rede alles weg – die Folie, die Watte, die Angst. Und die Wut. Die Wut einer Mutter, die den Schutz ihres Kindes braucht, obwohl es doch andersrum sein sollte. Ich kann nicht aufhören zu reden. Was passiert, wenn ich aufhöre?

Schweigen. Ich überhole einen anderen Wagen.

Das Schweigen dauert an.

So kompliziert finde ich das gar nicht. Weißt du was, Mama – sag dir doch einfach, das alles hat Frau Bergmann erlebt. Jetzt bist du Frau Preusker. Und die hat damit eigentlich gar nichts zu tun.

Schweigen. Mein Sohn war noch nie ein Freund großer Worte. Diese waren größer als groß. Ich habe einen phantastischen Sohn. Das habe ich noch oft gedacht. Zum Beispiel circa sechs Monate später. Am anderen Ende der Bundesrepublik. In Konstanz. Am Bodensee.

Ho Narro macht stark

Wenn es etwas gibt, mit dem ich überhaupt nichts anzufangen weiß, ist es Karneval. Vielleicht liegt es an meinen niedersächsischen Wurzeln, vielleicht an meiner spaßbremsenden Persönlichkeit, vielleicht auch daran, dass es nun mal einfach blöd ist, wenn erwachsene Leute sich bekloppte Hüte aufsetzen, bekloppte Lieder singen und wild entschlossen sind, auf Kalendergeheiß Frohsinn zu verbreiten. Nichts für mich. Gleiches gilt im Übrigen in abgeschwächter Form für Volksfeste jeder Art, aber das sei nur der Vollständigkeit halber erwähnt.

Mein Mann hat Jahre seiner Jugend in Konstanz, einer wunderbaren Stadt, verbracht und sieht die Dinge daher anders. Die alemannische Fasnacht ist seins, seitdem er bei den Frichtle, einem alteingesessenen Fanfarenzug, mitmarschiert ist. Noch anders sieht Arno die Dinge. Arno ist Konstanzer durch und durch, und was die Fasnachtsrituale betrifft – da versteht er keinen Spaß, das wird mit einer Ernsthaftigkeit und Zuverlässigkeit abgearbeitet, die jeden Preußen vor Neid ergrünen ließe. Der riesengroße Arno, ein wirklicher Freund, ist mit der quirligen Petra verheiratet, der ich mein sensationelles Himbeer-Sahne-Baiser-Rezept verdanke. Ich habe mich an dem Zeug zwischenzeitlich überfressen. Meine Gäste noch nicht.

Arno, der wirkliche und gute Freund. Arno, der Hausmeister vom Bodensee, mit eigenem Boot und einem Herzen, so groß, dass die ganze Welt und mehr hineinpasst. Natürlich hat Arno auch seine Schattenseiten. Eine ist, dass er nicht einlädt, sondern

Marschbefehle hinausposaunt, denen man sich tunlichst nicht widersetzt. Der letzte lautete: Antreten zur Fasnacht.

Ja, aber …

Kein Aber. Die Ablenkung wird euch guttun. Dann und dann seid ihr da.

Wir waren da. Dann und dann.

Fasnacht-Umzug in Konstanz. Bunte Menschen, viel Musik, uralte Masken. Lärm. Gute Stimmung. Schweinekälte. Ho Narro! Immer wieder Ho Narro. Der Konstanzer Fasnachtsgruß. Was das heißt? Na ja – das heißt so viel wie: Ho Narro eben.

Wir stehen als lustiges Grüppchen am Straßenrand. Ein kleiner Clown: Petra. Eine Hexe: ihre Tochter. Hannibal Lecter: mein Mann. Ein cooler Rocker mit zahlreichen Tattoos: mein Sohn. Eine Kuh in der Mitte. Das bin ich. Die Kuh fotografiert. Wir warten auf Arno, der als Riesenclown die Pauke in einem Fanfarenzug schlagen wird. Todernst. Das ist ja schließlich kein Vergnügen hier, das ist Fasnacht.

Von der gegenüberliegenden Straßenseite kommt ein älteres Paar. Zwei Clowns. Clowns scheinen schwer angesagt in diesem Jahr. Sie drängeln sich zwischen uns hindurch. Die Kuh merkt das nicht, weil sie gerade mit den technischen Tücken einer Canon befasst ist und mit vor Kälte klammen Fingern an den Rädchen dreht. Der Clown schubst sie zur Seite, sagt irgendwas. Die Kuh strauchelt und fällt gegen Hannibal Lecter. Schon vorbei, der Clown und seine Clownsfrau.

Was war das? Hat der dich gerade zur Seite geschubst?

Nein. Ja. Vielleicht. Es ist nichts. Es ist alles in Ordnung.

Der Rocker fragt Hannibal, was ist los.

Da hat gerade einer deine Mutter beiseitegeschubst.

Was?

Hannibal und der Rocker sehen sich an. Es dauert nur einen

Sekundenbruchteil. Wortlose Verständigung. Einigkeit. Und Recht. Und die Freiheit zu handeln.

Komm mit.

Nein. Es ist doch alles in Ordnung. Das war doch nicht schlimm.

Doch. Es war schlimm und es hat mich erschreckt. Aber das wage ich nicht zuzugeben.

Komm mit.

Hannibal und der Rocker eilen dem Clownspaar hinterher. Sie sind noch ganz in der Nähe. Sie haben es nicht eilig. Es ist Fasnacht, alles hat seine Ordnung zu haben, aber Eile gehört nicht dazu.

Die Kuh stolpert ihnen hinterher und hofft, nicht auf ihren Schwanz zu treten. Die Hörner fallen nach vorne und verdecken die Kuhaugen. Hannibal Lecter baut sich vor dem Clown auf. Kann es sein, dass Sie gerade meine Frau geschubst haben? Möchten Sie sich vielleicht entschuldigen?

Staunen. Die Clownsfrau guckt ganz verschreckt.

Ich sage Ihnen mal was: Die Zeiten, in denen sich meine Frau herumschubsen lässt, sind vorbei. Und das gilt auch für Sie.

Hannibal sagt noch mehr. Ich weiß aber nicht mehr, was.

Staunen. Nun entschuldige dich doch mal, sagt die Clownsfrau und zupft am Ärmel des Clowns.

Der Rocker blickt auf den Clown herab, die tätowierten Football-Player-Unterarme vor der breiten Brust verschränkt: Und wenn ich nicht gleich eine Entschuldigung höre, kann ich ja hier mal anfangen, ein bisschen rumzuschubsen. Dann können Sie mal sehen, wie sich das so anfühlt, klar!?

Die Kuh sagt auch was.

Ja, Entschuldigung. Tut mir leid.

Herr und Frau Clown gehen weiter.

Hannibal, Rocker und Kuh gehen zurück und warten weiter auf Arno. Als der Umzug zu Ende ist, bin ich müde. Ich gehe ins Hotel, um mich hinzulegen. Die anderen bleiben in der Stadt.

Manchmal fühlt sich dieses neue Leben richtig gut an, denkt die Kuh. Und schläft ein. Ho Narro.

Ob Herr und Frau Clown manchmal noch an das verrückte Trio denken? Die Frau an der Theaterkasse jedenfalls wird sich noch an mich erinnern. Da bin ich mir ganz sicher.

Neue Sätze machen's leichter

Ich gehe sehr gerne ins Theater. Ich war schon immer ein Fan von Schauspiel, auch von der Oper, von der ich allerdings überhaupt keine Ahnung habe. Für meine laienhaften Ohren hört sich vieles relativ gleich an. Gleich schön, aber eben gleich. Mit Musical und Operette kann ich jedoch nicht viel anfangen – es irritiert mich maßlos, wenn Darsteller ohne Sinn und Verstand und völlig unmotiviert vom Reden ins Singen und Tanzen verfallen und umgekehrt. Das bringt mich irgendwie durcheinander. Also Schauspiel.

Angekommen im neuen Leben: Ich möchte mal ins Schauspielhaus.

Gut, dann besorg Karten.

Wie soll das gehen? Ein dunkler Raum, den ich nicht kenne, eingezwängt zwischen Fremden. Wird das funktionieren? Oder muss ich da dann raus, wie damals im Museum in Stralsund? Nein, musst du nicht. Damals war damals und heute ist heute. Sicher? Sicher.

Ich weiß nicht, was zurzeit läuft.

Na und? Das ist doch völlig egal. Besorg die Karten. Morgen.

Stralsund im Dezember, kurz vor Weihnachten. Das berühmte Ozeaneum. Ich hatte die Karten besorgt. Wir gehen rein. Eine lange Rolltreppe bringt uns nach oben auf ein Plateau. Kein Weg zurück. Der Eingang zur Ausstellung – ein dunkler Schlund, der mich zu sich hineinzieht. Kein Weg zurück. Die Rolltreppe bewegt sich unerbittlich langsam nur in eine Richtung. Unerbittlich zuverlässig. Ich sehe keinen Ausgang, nur diesen Schlund. Bleib hier. Sieh auf das Meer draußen. Konzentrier dich, sagt der, den ich liebe. Ich bin doch bei dir, sagt der, den ich liebe. Ich habe Angst, bring mich hier weg, sagt die, der es in diesem Moment egal ist, ob und von wem sie geliebt wird. Der Boden gibt unter mir nach. Sieh auf das Meer, auf die Wolken. Ich kann nicht. Ich will weg. Ich will nicht, dass mich dieser Schlund verschluckt. Aufsichtspersonal führt mich hinaus. Junge Leute geben mir und meiner Panik Geleit. Mein Mann sieht sich das Ozeaneum an. Ich friere draußen, esse ein Fischbrötchen am Hafen und habe das Ozeaneum in Stralsund bis heute noch nicht gesehen. Die Ausstellung sei sehr interessant, sagt mein Mann. Er sagt es mit ärgerlichem Unterton. Ärgert er sich über mich? Ich frage nicht. Man soll nur fragen, wenn man die Antwort auch verkraftet.

Später im Auto. Die unausgesprochene Frage tanzt zwischen meinen Augen und Ohren, um mich schließlich auszutricksen.

»Bist du sauer auf mich?« Da ist sie.

»Nein.«

»Doch. Du bist sauer.«

»Nein.«

»Doch.«

»Nein.«

»Warum bist du so ärgerlich? Ich mache das doch nicht mit Absicht.«

»Das weiß ich. Ich ärgere mich auch nicht über dich. Aber über alles andere.«

Er ist wütend. Er ist richtig wütend. Warum? Warum macht er es mir noch schwerer, als es sowieso schon ist? Das fragst du dich allen Ernstes? Lass ihn doch einfach nur mal wütend sein. Du fändest das auch alles nicht so witzig, wenn du an seiner Stelle wärst. Dieses ewige Theater mit dir. Und nicht mal ein normaler

Museumsbesuch ist drin. Klar, dass ihn das ärgert. Nein, nicht klar. Er muss eben Rücksicht auf mich nehmen. Viel mehr Rücksicht. Ich tue doch schon, was ich kann. Warum reicht ihm das nicht? Genau. Tu dir mal ordentlich leid. Das macht die Sache bestimmt einfacher. Halt bloß die Klappe! Okay.

Ob wir das überhaupt schaffen? Kann man das schaffen? Du erwartest zu viel. Von dir und von ihm. Ich gebe mir doch so viel Mühe. Was soll ich denn noch tun? Wie ging dieses asiatische Sprichwort noch mal? »Wer ein Huhn heiratet, folgt einem Huhn. Wer einen Hund heiratet, folgt einem Hund.« Du hast halt einen Löwen geheiratet. Das wusstest du doch. Mensch, jetzt halt endlich bloß mal die Klappe. Okay.

Wochen später:

Besorg die Karten.

Ja.

An der Theaterkasse sitzt eine Frau in meinem Alter. Sie erinnert mich an eine Südamerikanerin, ihr Akzent ist hart und gleichzeitig samtig-wohlklingend. Neben ihr: ein Buch. Hinter ihr: eine große Tasche. Die hätte ich auch gekauft, denke ich.

»Ich möchte zwei Karten für Samstagabend. Was läuft denn da?«

»Miss Sara Sampson. Von Lessing.«

Nie gehört.

»Gut. Zwei Karten, bitte.«

Ich zahle, verstaue die Karten in meiner Tasche, will gehen. Ich halte schon die Türklinke in der Hand.

Keine Macht der Angst. Keine Scheißmacht dieser Scheißangst.

Ich gehe zurück zu der Frau mit dem interessanten Akzent und der tollen Tasche. Sie blickt von ihrem Buch auf.

»Können Sie mir zeigen, wo die Plätze sind?«

»Natürlich.«

Sie greift nach einem Plan und zeigt auf unsere Plätze.

Ich atme tief durch.

Keine Macht dieser Scheißangst, sage ich mir.

»Das sind gute Plätze. Gute Sicht auf die Bühne.« Sie sieht mich an.

Keine Scheißmacht der Angst, wiederhole ich. Und nur ich kann es hören.

»Haben Sie auch Plätze am Rand? In der Nähe eines Ausganges?«

Sie sieht mich weiter an. Fragend.

Es ist ganz einfach. Sprich es aus. Sag es. Was soll passieren? Sprich die Worte aus. Sag sie laut.

Ich hole Luft und sage es. Meine Stimme fühlt sich belegt und gehetzt an. Als würde man weniger verstehen, wenn ich die Worte heraushetze. Weniger irritiert sein.

Ich höre mich sagen:

»Ich habe ein Angstproblem.«

Angstproblem. Ich hätte alles Mögliche sagen können. Aber mir fällt nur Angstproblem ein.

Sie lächelt mich an, breit, herzlich, ohne mitleidiges Erstaunen.

»Das kenne ich. Das habe ich auch. Ich bin deswegen schon lange in Therapie.«

Zwanzig Minuten später kenne ich ihre Lebens- und Krankheitsgeschichte. Ich weiß, woher sie kommt, nämlich aus Bulgarien, und ich weiß, wann und wo sie ihre erste Panikattacke hatte. Ich weiß auch, warum.

Mit diesem Wissen und zwei Karten für Plätze in Ausgangsnähe gehe ich. Es war ganz einfach.

Beim Friseur:

»Nehmen Sie bitte das Papierding von meinem Hals? Diese Manschette. Das kann ich nicht haben.«

»Ich kann sie ein bisschen weiter einstellen. Lockerer.«

»Nein, es soll weg.«

»Na klar.«

Im Büro gegenüber:

»Guten Tag, ich möchte einen Platz in der Tiefgarage mieten.«

»Gerne. Nummer 75 ist frei.«

»Den nicht. Ich brauche einen Platz gleich gegenüber der Einfahrt. Dort, wo es möglichst hell ist und gleich neben dem Ausgang. Ich bin vor nicht so langer Zeit überfallen worden.«

»Natürlich, das kriegen wir hin. Moment mal … Nummer 23? Wäre das in Ordnung für Sie?«

»Ja, prima. Vielen Dank.«

Beim Arzt:

»Können Sie die Tür etwas offen lassen? Vielleicht nur anlehnen?«

»Ja sicher.«

Es ist ganz einfach. Ein neues Leben erfordert neue Sätze. Und Scham muss man sich auf Dauer leisten können. So einfach ist das.

Irgendwo habe ich den Satz gelesen oder gehört: Das Gute an einer Depression ist, dass man endlich mal ausschlafen kann. Mein Pendant: Das Gute an einem Trauma ist, dass man endlich mal ehrlich sein kann. Und muss.

Miss Sara Sampson hat mir übrigens sehr gut gefallen. Die *Sch'tis* erstaunlicherweise auch – aber das kann man natürlich nicht wirklich miteinander vergleichen.

Immerhin ist die Geschichte der guten Sara bereits im Jahre 1755 erschienen und uraufgeführt worden. Das erste bürgerliche

Trauerspiel der Neueren Deutschen Literatur, so habe ich nachgelesen. Und richtig gut geht die Sache auch nicht aus.

Und die *Sch'tis* kommen aus Frankreich, aus Nord-Pas-de-Calais, und bringen mich zum Lachen. Besonders mag ich die Szene, in der der Südfranzose von der Autobahnpolizei angehalten wird. Ich weiß, ich bin zu schnell gefahren. Nein, zu langsam, erwidert der Polizist.

Aber wie gesagt – das kann man alles wirklich nicht miteinander vergleichen.

Ich würde gerne mal wieder ins Kino.

Dann besorg Karten.

Ich weiß aber nicht, was läuft.

Egal. Besorg Karten.

Ostfriesland macht stur

Kennst du schon *Willkommen bei den Sch'tis*? Musst du sehen. Total witzig. Toller Film.

Sagt Jörg.

Ich liebe Filme und das weiß er. Er weiß auch, dass ich in meinem neuen Leben Filme bevorzuge, die auf Gewalt, besonders gegen Frauen, auf Messer und überhaupt auf Waffen, auf Horror, überdrehte Action, Polizeisirenen, Entführungen, Fesselungen und Gefängnisszenen verzichten. Da bleibt dann nicht viel übrig. Das weiß er auch.

Andererseits ist bei Filmtipps von Jörg immer Vorsicht angebracht. Jörg ist Ende dreißig, lebt alleine und hat zahlreiche Affairen mit wunderschönen Frauen, gerne erheblich jünger als er, hinter und wahrscheinlich auch noch vor sich. Jörg steht auf Markenkleidung, Style in jeder Hinsicht, auf Süßigkeiten und auf schnelle Autos. Jörg hat einen exquisiten Film-, Buch- und Musikgeschmack und ein besonderes Faible für Japan. Er plant seit Jahren eine Reise dorthin, ist aber noch nie weiter als bis nach Berlin gekommen. Mit Jörg war ich vor Jahren zum ersten Mal Sushi essen. In einer Sushi-Bar. Sehr stylish.

Jörg ist der Titel »Master of Internet« verliehen worden. Von mir. Kein PC-Problem, das er nicht lösen könnte und würde. Weil Jörg ist, wie er ist – nämlich unter anderem auch sehr hilfsbereit –, trägt er die Schuld daran, dass das Einzige, was mir einfällt, wenn die Technik spinnt, seine Telefonnummer ist.

Du, Jörg, ich habe da mal ein kleines Problem …

Jörg ist nicht nur hilfsbereit, sondern auch sehr großzügig und daher immer pleite. Jörg sieht so aus, als könne er kein Wässerchen trüben, aber die Sache mit der Tiefe stiller Gewässer ist wie für ihn gemacht. Jörg stapelt und taucht gern sehr tief, ist ein großer Rationalist mit Hang zur Kultivierung depressiver Sonntagnachmittage, die er dann im Bett verbringt. Manchmal sogar allein. Jörg ist beziehungsunfähig. Sagt er. Jörg ist ein guter Psychologe, wenn er auf die Dinge Lust hat. Die anderen lässt er mit Welpenblick gerne an sich abprallen. Sage ich.

Jörg ist anders als ich und das ist gut so. Jörg war mein Stellvertreter und Psychologen-Kumpel in meinem alten Leben. In meinem neuen ist er mein Freund.

Die Friesen sind der einzige Volksstamm, der es konsequent abgelehnt hat, Nordgermanien zu verlassen und umzuziehen. Völkerwanderung? Ohne uns. Jörg ist Ostfriese. Jörg ist stur. Menschen, die keinen Jörg haben, sind zu bemitleiden.

Standbild:

Ich komme raus. Es ist vorbei. Vorbei. Da steht Jörg. Wie blass er ist. Ich gehe auf ihn zu. Unsere Augen treffen sich und lassen sich nicht los, bis ich vor ihm stehe. Ruf Wolfram an. Bitte, ruf Wolfram an. Er muss doch wissen, dass es vorbei ist. Ist schon erledigt, sagt Jörg. Er weiß Bescheid. Und dann: Er hat mich vergewaltigt. Er hat mich stundenlang vergewaltigt. Ich sehe Tränen in seinen Augen und werde sie in den folgenden Monaten noch oft sehen. Öfter als in meinen.

Jörg ist da in dieser Nacht. Und am nächsten Tag. Er holt Kleidung für mich. Nimm das und das. Du findest es im Schrank. Ja. Er bringt mir Unterwäsche ins Krankenhaus und es ist mir nicht peinlich. Jörg regelt die Dinge, während die Dinge versuchen, mich zu regeln. Jörg ruft eine Psychiaterin an, die nach der Entlassung aus dem Krankenhaus nach mir sehen soll. Jörg besteht darauf, dass ich mich nach Regensburg bringen lasse. Ich will nicht. Keine fremde Umgebung. Ich will in meinem Haus bleiben. Nein, sagt Jörg. Jörg ist einer der Ersten, die den Wegweiser aufstellen: Ins neue Leben, bitte hier entlang.

In der langen Zeit, in der ich mich in meinem neuen Leben umsehe und nur versuche, den Sinn zu finden, ist Jörg immer da. Unaufdringlich. Meine Verbindung in mein altes Leben. Und immer wenn ich sage, ich möchte es doch nur wieder zurückhaben, dieses alte Leben, sagt Jörg: Nein. Immer wieder nein. Stur. Völkerwanderung? Ohne mich.

Lach mal wieder. Sieh dir *Willkommen bei den Sch'tis* an und lach. Bitte. Lach.

Auch Jörg ist aus seinem alten Leben gerissen worden. Die sozialtherapeutische Abteilung, unsere Abteilung, die wir gemeinsam geleitet haben, stand nach der Katastrophe vor dem Aus. War in ihren Grundfesten erschüttert. Und eine Person fehlte. In den schlechteren Tagen, die wir natürlich auch hatten, haben wir mal eine Liste angelegt. Überschrift: »25 Gründe, weswegen wir gerne in Bayern arbeiten.« Diese Liste enthielt Punkte wie: weil das Weißbier schmeckt, weil der Dialekt lustig klingt, weil das Wetter besser ist. Und dergleichen mehr. Wir hatten viel Spaß mit unserer Liste, die im Laufe der Zeit immer länger wurde. Nun gab es plötzlich keinen Grund mehr für Späße. Eine Person fehlte.

In diesem neuen Leben, das Jörg nun zu führen und zu organisieren hatte, half keine Liste, kein Welpenblick. Nichts half. Niemand half. Jörg hat dieses alte Leben daher beendet. Konsequent. Stur. Ganz Ostfriese eben.

»Als norddeutscher Junge aber weiß man, dass es, um Kurs zu halten, für Boote einer gewissen Größe wetter- und seefester Steuermänner bedarf. Als Mensch sag ich im Bild bleibend: Den Opfern der hohen See, den über Bord und untergegangenen

Ruderinnen und Ruderern, gebührt Respekt und Solidarität – immer.«

Das waren die kryptischen Worte, mit denen sich Jörg aus seinem alten Leben, das nun auch hinter ihm liegt, verabschiedet hat. Jörg ist kein Welpe mehr. Er hat sein Körbchen verlassen, sich nur kurz geschüttelt, um dann seinen Weg zu gehen. Konsequent und stur. Meine Solidarität hatte er, so hoffe ich, immer – nun hat er auch meinen tiefen Respekt. Ich kenne nämlich eine ganze Menge Leute, mich eingeschlossen, die oft mit dem Gedanken an Kündigung gespielt haben. Ich kenne niemanden außer Jörg, der die Courage gehabt hat, es auch wahr zu machen.

Worte aus einem neuen Leben in ein anderes neues Leben:

»Der Job muss sich noch beweisen, die Ausgangsbedingungen sind gut. Damals in der heilen Zeit war es so perfekt, unser Arbeiten, und es hat Spaß gemacht. So sinnvoll wird keine Arbeit mehr sein, aber immer wieder bin ich froh und stolz, das habe ich, das haben wir gehabt.«

Ja, Jörg, das haben wir gehabt. Und ja, Jörg, wir haben erlebt, was die alte Seefahrerweisheit tatsächlich bedeutet: Zwischen großer Klappe und Muffe liegen nur zwei Windstärken.

Vielleicht kommst du ja doch noch mal nach Japan, Jörg. Zum Sushiessen. Ich schreibe dir vorher noch ein paar japanische Sätze auf, falls ich es bis dahin kann.

Japanisch macht aggressiv

Sommer. Es ist Sommer. Der erste Sommer in meinem neuen Leben. Auch im Sommer hat der Tag genau 24 Stunden, aber es fühlt sich länger an.

Ich stehe zwischen 8 und 9 auf. Jeden Tag. Immer. Wenn ich anfangen würde, bis 12 im Bett zu liegen, um dann bis 3 im Bademantel rumzuschlurfen, wäre das der Anfang vom Ende. Dessen bin ich mir sehr bewusst.

Ich stehe also zwischen 8 und 9 auf, trinke einen Pott Kaffee, nehme meine Medikamente, gehe aufs Klo, dusche, wasche mir die Haare, putze Zähne, ziehe mich an, hänge mir Klunker an und um, schminke mich, dezent und altersentsprechend versteht sich, fahre den PC hoch, checke E-Mails und trinke noch einen Kaffee. Dann ist es 9.30. Ich räume die Wohnung auf, mache das Bett, telefoniere, beantworte E-Mails, räume die Spülmaschine aus, manchmal gieße ich auch die Blumen oder schmeiße die Waschmaschine an. Es ist 10.

Ich telefoniere weiter, hole Post und Zeitung, lese beides. Es ist 10.30.

Ich checke noch mal die E-Mails. Es ist immer noch 10.30.

Ich überlege, was ich kochen könnte, und sehe dann auf die Uhr: 10.30.

Ich gehe auf den Balkon und sehe dem Wilden Wein ein Weilchen beim Wachsen zu. Ich lese ein bisschen. Ich grübele ein bisschen. Und ich widerstehe heroisch der Versuchung, den Fernseher anzuschalten. Es ist 10.45. Und kein Ende dieses Tages, der voraussichtlich auch wieder 24 Stunden haben wird, in Sicht.

Ich brauche eine Beschäftigung. Und zwar dringend. Oder, was der Wahrheit näherkommt: Ich brauche eine Beschäftigung, die sich zwanglos mit Panikattacken, Watte-Gefühl und sporadischer Unfähigkeit, das Haus zu verlassen, verträgt. Und eine Beschäftigung, die nicht nur darin besteht, ab und zu im Wartezimmer meines Psychiaters alte *Stern*-Ausgaben durchzublättern. Ich brauche eine Beschäftigung, die mir zumindest die Illusion einer wie auch immer gearteten Sinnhaftigkeit vermittelt.

Patchwork. Ich könnte eine Patchwork-Decke zusammenfrickeln. Eine Art Quilt. Aber leider habe ich keine Nähmaschine und will mir auch keine zulegen. Nadel und Faden besitze ich schon. Und zwar in Form dieser kleinen Notpäckchen, die in Hotelzimmern rumliegen. Ansonsten bin ich seit Jahren Kundin verschiedener Reparaturschneidereien und kann mich kaum erinnern, wann ich den letzten Knopf angenäht habe. Oder gar, an was. Patchwork scheidet aus.

Fernstudium. Ich könnte ja irgendwas studieren. Philosophie zum Beispiel. Oder BWL. Erstgenanntes erinnert mich leider an das Jodel-Diplom à la Loriot. Zweites ist kaum vorstellbar, da ich nur mit Mühe in der Lage bin, meine Kontoauszüge nach Datum zu sortieren. Ein Fernstudium kommt also wegen einer Mischung aus Desinteresse, einem anzunehmenden Mangel an Disziplin und weitgehender Talentfreiheit auch nicht infrage.

Hund. Ich habe Angst vor Hunden. Gleichwohl hätte die Vorstellung, ich werde schwanzwedelnd durch den Tag geleitet, einen gewissen Reiz. Oder dass ich jemanden zum Reden hätte, der nie widerspricht. Weniger reizvoll ist, dass Hunde dazu neigen, undicht zu sein, und sich dieses nur durch regelmäßige Ausgänge beheben lässt. Auch früh morgens, auch im Winter, auch bei

Regen. Und leider stehen gewisse Schwierigkeiten, das Haus zu verlassen, einem entspannten Verhältnis zwischen Mensch und Tier doch eher entgegen. Wie dem auch sei – Hund wäre toll. Wir arbeiten auch daran, doch leider lässt der Erfolg noch auf sich warten. Es soll nämlich ein Bullterrier werden. Ein kleines Welpen-Mädchen, am besten weiß mit schwarzem Auge. Und kein ausgewachsener polnischer Reimport mit unbekannter Vorgeschichte und kleinem Aggressionsproblem. Wenn wir unsere Hündin schon hätten, hieße sie Emma. Meinem Mann gefällt der Name Emma sehr. Ich bin ja eher für Heidi. Vorerst warte ich aber noch auf Genesung und auf unseren Traumwelpen und suche derweil weiter eine Beschäftigung.

Ich kann nicht tanzen, nicht singen, nicht malen. Handwerklich bin ich eher ungeschickt, Basteln geht mir auf die Nerven und Eulen oder Blumenampeln aus Makramee fand ich schon mit acht Jahren blöd. Stricken im Sommer macht auch keinen großen Spaß. Allmählich wird es also wirklich kompliziert.

Japanisch. Ich werde Japanisch lernen. Nicht, dass ich in nennenswertem Maß sprachbegabt wäre, aber Japanisch interessierte mich immer schon. Keine Zeit, irgendwann mal. Irgendwann ist jetzt.

Wochen später:

Ich spreche leidlich gut Englisch, besitze, ergaunert durch ein knappes Ausreichend, das kleine Latinum und kann mich grob, sehr grob, aber immerhin, auf Italienisch verständigen. Das aber nur, wenn möglichst keiner zuhört. Ich bin also sicher kein Genie, aber auch nicht völlig unterbelichtet. Daher meine ich mit Fug und Recht behaupten zu können: Japanisch ist wohlklingend, die Schrift äußerst ästhetisch. Und Japanisch ist die bösartigste Sprache, die je erdacht worden ist. Diese Sprache hat ihre helle Freude daran, Menschen mit Zeichen zu quälen, die sich ein normales

Hirn einfach nicht merken kann. Zeichen und Krickel und Krakel, die sich jedem Einprägungsversuch standhaft widersetzen. Sinnfreie Zeichen, die sich ähneln wie eineiige Zwillinge und angeblich trotzdem völlig unterschiedliche Dinge bedeuten. Man sollte jedes Zeichen tausendmal schreiben, um es abspeichern zu können. Tausendmal? Dass ich nicht lache! Da hänge ich doch noch zwei Nullen dran und es reicht immer noch nicht. Und auch wenn ich mir einige mit Mühe merken kann – von einer korrekten Aussprache oder Grundkenntnissen der Grammatik bin ich noch meilenweit entfernt.

Ich blicke auf mein Übungsheft, sehe die sauber aufgemalten Symbole, fühle mich an die angestrengten Schreibversuche einer Erstklässlerin erinnert. So nach dem Motto: »Der Berg scheint ganz nah, aber das Pferd läuft sich zu Tode.« Japanisches Sprichwort. Oder ist es ein chinesisches? Auch egal. Ich werde auf jeden Fall darüber nachdenken müssen, ob eine kleine Emma nicht doch die bessere Alternative wäre. Zu einem toten Pferd zum Beispiel.

Intermezzo III: Die Abrechnung

Der Tag, an dem ich mein altes Leben verloren habe, jährte sich zum ersten Mal. Ich habe im Dom eine Kerze angezündet. Ein Dank für 365 Tage des Überlebens. Ansonsten war es ein ganz normaler Tag. So verdächtig normal und so täuschend ungefährlich, dass ich am darauffolgenden einen Brief an den geschrieben habe, für den sich nichts geändert hatte. Ein anderes Gefängnis, ein anderer Haftraum, ein neues Opfer in der Erinnerung, andere Opfer vielleicht schon im Blick. Wer weiß das schon. Ansonsten alles beim Alten.

Hier der Brief. Die Namen der erwähnten Personen habe ich unkenntlich gemacht. Die können nichts dafür. Aber das ist das einzige Zugeständnis, zu dem ich bereit bin. Ich war lange Zeit der Ansicht, dieser Brief ginge nur den, der mir mein altes Leben genommen hat, und mich etwas an. Einige Sätze sind nur für ihn verständlich, geschrieben in der Annahme, es sei nur eine Sache zwischen ihm und mir. Diese Annahme ist falsch – es gibt keine Privatheit zwischen Täter und Opfer. Leid ist öffentlich. Die Abrechnung auch.

Der Tag, an dem Sie versuchten, mich zu ruinieren, und den Menschen, die mir wichtig sind und die ich liebe, unglaublichen Kummer zugefügt haben, hat sich vor kurzem gejährt.

Ich frage mich, wie Sie ihn verbracht haben.

Sie wissen, dass ich Ihre stammelnd vor Gericht hervorgebrachten Entschuldigungen nicht akzeptiere. Sie verletzen Menschen, die

Ihnen nahestehen und die Ihnen vertrauen. Und manchmal töten Sie auch. Und Sie lügen. Sie haben mich und mein Team angelogen, Sie haben Frau T. angelogen, Sie haben Ihre Frau angelogen, Ihre Tochter, Ihre vielen anderen, teils namenlosen Opfer. Auch Frau T. Und die arme Frau M. wäre Ihr nächstes Opfer gewesen. Es ging Ihnen natürlich nicht darum, mit ihr zu sprechen – was hätten Sie wohl mit ihr in meinem Büro gemacht, wenn es dazu gekommen wäre? Wäre sie still geblieben? Hätte sie geschrien? Wäre sie an der Knebelung erstickt? Hätten Sie auch gerne die Panik in den Augen dieser hilflosen, gutgläubigen, schwer belasteten Frau gesehen, die sich niemals gegen Sie hätte wehren können? Ja, K., hätte Ihnen das Spaß gemacht? Hätte Sie das erst richtig auf Touren gebracht?

Sie haben Ihren Bruder belogen und Ihre Nichte – gut, dass dieses nette Mädchen niemals alleine sein wird mit Ihnen. So viele Menschen haben an Sie, den Mörder, den Vergewaltiger, geglaubt.

Ich habe in dem vergangenen Jahr oft an Ihre Großeltern denken müssen. Und an die Geschichte von dem Jungen, der in das Fell eines Hundes weint. Sie haben so viele Menschen enttäuscht und angelogen. Auch solche, die schon verstorben sind, wie Ihre Großeltern. Oder Herr E. Und Ihre Mutter sowieso.

Ihnen war völlig bewusst, wie Sie mich verletzen und dauerhaft schädigen – Sie haben nämlich über vier lange Jahre nichts anderes gelernt. Sie haben es gewusst und beabsichtigt. Also entschuldigen Sie sich nicht. Das war doch genau das, was Sie wollten – mal wieder eine Frau zutiefst demütigen und zerstören. Ihre Entschuldigungen sind gelogen, so wie sie immer gelogen waren.

Aber Sie haben mich nicht zerstört, K.

Und egal, in welchem Gefängnis und unter welchen Bedingungen Sie den Rest Ihres Lebens verbringen – die anklagenden Blicke Ihrer Opfer werden Sie begleiten. Auch die stummen Fragen der vielen Menschen, die Sie angelogen und enttäuscht haben, werden immer da sein. Die der lebenden und die der toten. Und bei einer Verlegung, wohin auch immer, wird Ihre Geschichte Ihnen vorauseilen und schon auf Sie warten.

Und auch in dem unwahrscheinlichen Fall einer Entlassung werden Sie erwartet. Egal wann, egal wo – Sie werden erwartet und dem können Sie nicht entgehen.

Vergessen Sie das nie, K. Fühlen Sie sich zu keiner Zeit und an keinem Ort sicher.

Die Muschel nützt Ihnen jetzt nichts mehr.

Susanne Preusker

Dieser Brief hat den, für den er geschrieben worden ist, nie erreicht, er hat die Briefzensur nicht schadlos passiert. Ich weiß nicht, wer ihn gelesen und entschieden hat, der Inhalt sei nicht zumutbar. Ich weiß nicht, wer entschieden hat, der Brief sei in der Akte besser aufgehoben als im Kopf desjenigen, für den er bestimmt war. Vielleicht hätte ich in meinem alten Leben genauso entschieden. In meinem neuen gibt es diese Regeln aber nicht mehr. Neues Leben, neue Regeln.

Die Briefe, die ich bekomme, landen in meinem Briefkasten und dann auf meinem Tisch. Ich lese sie und meistens bin ich dabei alleine mit mir und diesen Briefen, die nicht immer angenehm sind. Niemand wacht darüber, ob die Inhalte mir zumutbar sind. Niemand.

Kälte macht klamme Finger

Niemand außer mir war in der Kirche zu Putbus, als ich im Winter, kurz bevor der Schnee kam, den folgenden Text gelesen und abgeschrieben habe. Mit klammen Fingern, weil es doch schon so kalt war:

Ich glaube, dass Gott aus allem, auch aus dem Bösesten, Gutes entstehen lassen kann und will. Dafür braucht er Menschen, die sich alles zum Besten dienen lassen. Ich glaube, dass uns Gott in jeder Notlage so viel Widerstandskraft geben will, wie wir brauchen. Aber er gibt sie nicht im Voraus, damit wir uns nicht auf uns selbst, sondern allein auf ihn verlassen. In solchem Glauben müsste alle Angst vor der Zukunft überwunden sein. Ich glaube, dass auch unsere Fehler und Irrtümer nicht vergeblich sind und dass es Gott nicht schwerer ist, mit ihnen fertigzuwerden, als mit unseren vermeintlichen Guttaten. Ich glaube, dass Gott kein zeitloses Faktum ist, sondern dass er auf aufrichtige Gebete und verantwortliche Taten wartet und antwortet.

Die Überschrift lautete in aller Schlichtheit *Ich glaube*. Mehr nicht. Ich weiß nicht, ob das ein Gebet ist oder ein Bekenntnis, das ich damals in der Schlosskirche zu Putbus gefunden und abgeschrieben habe. Es schien mir wichtig, diesen Text von dort mitzunehmen. Zu einem Zeitpunkt, als ich noch nicht wusste, dass ich in einigen Tagen fluchtartig das Ozeaneum in Stralsund verlassen werde. Ich wusste damals auch noch nichts von einer Verwandlung. Und ich wusste nichts von diesem, meinem Buch.

Ich wusste nur, dass ich an diesen Worten Bonhoeffers nicht einfach vorbeigehen kann. Weswegen auch immer.

Vielleicht weil es die Worte eines Mannes sind, der am 9.4.1945 hingerichtet worden ist. Eines Mannes, der nie die Chance hatte, ein altes Leben zu beweinen.

Ich habe diese Worte mit klammen Fingern einen Tag vor meinem fünfzigsten Geburtstag gefunden und mitgenommen. Als so eine Art vorzeitiges Geschenk.

Am anderen Morgen bin ich aufgewacht und habe mich umgesehen in unserem Ferienhaus, ich habe auf den Bodden hinausgesehen, die Kormorane beobachtet und gewartet. Außerdem habe ich an den Vortrag meines Mannes gedacht – der Kormoran, Vogel des Jahres 2010. Ausgerechnet diese Mistviecher, die alle Fische wegfressen. Die Angler sind wütend. Schützenswert? Dass ich nicht lache! – Er hatte sich richtig in Rage geredet, mein Mann. Tun sie das wirklich, die Kormorane? Sind sie so?

Ich habe darauf gewartet, dass sich das neue Leben anders anfühlt, an diesem Tag, meinem fünfzigsten Geburtstag. Das tat es nicht. Die Zahl war so unwichtig. Nur eine Zahl.

In meinem alten Leben hätte diese Zahl eine ganz andere Bedeutung gehabt. Eine große Bedeutung. So groß, dass sie uns einen Flug auf die Malediven wert gewesen wäre. Die Malediven sehen. Im Dezember. Bevor sie wie Atlantis für immer im Meer verschwinden. Ein Wunsch aus dem alten Leben. In meinem neuen Leben kann ich nicht fliegen. Ich will nicht fliegen. Wie soll ich aus einem Flugzeug rauskommen, wenn die Dämonen auftauchen? Würden Sie bitte mal eben schnell landen – ich habe eine Panikattacke. Vielen Dank.

Ich bin froh, dass ich Amerika, Australien und fast alle europäischen Länder bereits gesehen habe. Und nun bin ich, statt auf den Malediven, auf Rügen. Ist ja auch eine Insel.

Frühstück im Bett, ein dicker Blumenstrauß, von Anja geschickt, Spaziergang am Kap Arkona bei strammem Wind, bis zum Leuchtturm gefahren, obwohl das verboten ist. Kein Mensch da außer uns, dem Meer, dem Wind und Hühnergöttern. Ich habe keinen gefunden. Aber ich habe auch nicht ernsthaft gesucht.

Hühnergötter. So heißen die lustig geformten Steine mit einem Loch in der Mitte. Sie dienten früher dazu, Hühner vor dem Einfluss böser weiblicher Geister zu schützen. Dachten die Slawen. Gegen böse männliche Geister helfen sie sowieso nicht.

Wir gehen spazieren. Die Ostsee tobt mir Glückwünsche entgegen, der eiskalte Wind gratuliert. Denkt der Mann an meiner Seite an die Malediven?

Abends sitze ich in der Küche unseres Ferienhauses und betrinke mich mit Champagner. Mein Mann steht am Herd, in einer Welt, die er hasst, und hantiert mit Töpfen, Geräten, die ihm Angst machen, wie er gerne behauptet. Es gibt Spaghetti mit Schafskäse und Knoblauch. Er arbeitet mit aller ihm zur Verfügung stehenden Konzentration und zerschneidet eine ganze Knoblauchknolle.

Der Blumenstrauß von Anja steht auf dem Tisch. Weiße Lilien. Zum Wohl. Auf uns, auf Anja, auf das neue Leben. Auf dich, sagt der, der den Knoblauch zerschneidet.

Als ich mich selbst zu lieben begann,
habe ich verstanden,
dass ich immer und bei jeder Gelegenheit
zur richtigen Zeit am richtigen Ort bin
und dass alles, was geschieht, richtig ist –
von da an konnte ich ruhig sein.
Heute weiß ich: Das nennt man »Vertrauen«.

Das sind die Anfangszeilen eines Gedichtes mit dem Titel »Als ich mich selber zu lieben begann«. Charlie Chaplin hat es zu seinem siebzigsten Geburtstag im April 1959 geschrieben. In meinem Geburtsjahr also. Anja hat mir das Gedicht geschenkt. Ich kannte es vorher nicht. Es ist lang, sehr lang und klug. Und überhaupt nicht komisch.

Und ich wünsche mir mal wieder, ich hätte im Frühjahr oder Sommer Geburtstag und nicht kurz vor Weihnachten. In einer Jahreszeit, in der jeder anderes zu tun hat, als an Geburtstage zu denken, und schließlich aus purer Verzweiflung pausbäckige Engel oder Christbaumkugeln oder Teelichthalter in Elchform verschenkt. An mich, in diesem Fall.

Hätte ich im Sommer Geburtstag, könnte ich meinen Champagner im Strandkorb schlürfen. Wie damals. Auf Sylt. Am richtigen Ort, in einer richtigen Zeit.

Nordseeluft macht rote Wangen

»Komm, fahr mit mir nach Sylt.«

»Ich weiß nicht, ob ich das schaffe, Anja.«

»Probier es aus. Fahr mit mir nach Sylt.«

Ich kenne fast jede deutsche Insel. Nur auf Sylt war ich noch nie. Warum eigentlich nicht?

Anja schließt ihre Praxis für eine Woche. Ich packe meinen Koffer. Es ist das erste Mal in meinem neuen Leben, dass ich mit einer Freundin wegfahre. In den Urlaub. Urlaub – das klingt nach Arbeit, Stress, sich freuen können, ausspannen müssen, genießen. Urlaub – das Wort klingt so, als hätte es in meinem neuen Leben nichts zu suchen. Urlaub wovon?

Wir fahren durch den Elbtunnel. Anja fährt meinen Wagen. Der ist größer als ihrer. Die Golfausrüstung braucht Platz. Mit Golfausrüstung nach Sylt. In meinem alten Leben wäre das eine prima Gelegenheit gewesen für sarkastische Sprüche und miese Bemerkungen. Für Spaß.

Heute geht es um anderes. Zum Beispiel um die Frage, wie schaffe ich es, durch den verdammten Elbtunnel zu kommen. Wie schaffe ich es, wenn es einen Stau geben sollte. Wie schaffe ich es, nicht durchzudrehen?

»Sollen wir lieber durch die Stadt fahren?«, fragt Anja.

»Nein.«

Hätte ich doch Ja gesagt, denke ich. Kurz vorm Tunnel.

Die Einfahrt. Dunkel. Bedrohlich.

Ich schließe die Augen und halte mein Beruhigungsmittel

vorsichtshalber ganz fest in meinen schweißnassen Händen. Ich lehne mich zurück. Mit geschlossenen Augen.

»Erzähl mir was, Anja. Rede mit mir.«

Anja erzählt. Von Amerika, glaube ich. Genau weiß ich es nicht mehr. Wir kommen gut durch den Tunnel.

»Was hast du mir eigentlich erzählt, Anja?«

»Keine Ahnung. Irgendwas.«

Anja. Mit Anja fühle ich mich sicher, weil sie alles Notwendige immer dabeihat: ihre Golftasche, ihre Akupunkturnadeln, ihr Meditationskissen, ihren Buddhismus, ein oder zwei Flaschen trockenen Rotwein, ihre Gelassenheit, ihre Klarheit, ihren trockenen Humor. An Anja ist nichts plump. An Anja ist alles authentisch. Wenn es jemanden gibt, auf den dieses elende Adjektiv passt, dann ist es Anja: Sie ist durch und durch authentisch. Da ist nichts künstlich, aufgesetzt, unecht. Gar nichts.

Ich erinnere mich an ein Telefonat, das viele Jahre zurückliegt. Wir waren verabredet, und ich habe auf den letzten Drücker abgesagt. Kind, Job, Haushalt, alles viel zu viel. Keine Lust, hätte ich auch sagen können. Anja hat mir in zwei, drei Sätzen erklärt, weswegen sie eine solche kurzfristige Absage nicht hinzunehmen gedenkt. Wir haben uns dann getroffen, der Abend, in meinem alten Leben und heute in weiter Ferne, war richtig nett. Anja ist nicht nett, sie ist klar und setzt Grenzen. Das mochte ich schon immer sehr an ihr.

Heute, in meinem neuen Leben, gibt sie mir Halt.

Sommer auf Sylt. Das ist Strand und Meer und Luft und Fisch essen. Das ist der Vorsatz, Golf zu spielen und viel zu lesen. Der Vorsatz bleibt, was er ist – ein Vorsatz. Stattdessen: Pflaumenkuchen mit Sahne löffeln, Grappa für 9 Euro trinken, klönen, Leute gucken, Golden Retriever zählen. Stattdessen: das Bistro

»Die drei Hasen« entdecken, und viel zu teure Taschen kaufen, über den Sylter Einheitslook lachen. Schwöre, dass du nie mit einem Kerl ankommen wirst, der sich einen rosafarbenen Strickpullover mit Zopfmuster über die Schultern hängt. Los. Schwör's.

Wir lachen auch über Kampum, eine Wortschöpfung von mir. Wir tauschen Kochrezepte aus. Zum Beispiel das mit dem gebackenen Ziegenkäse. Das habe ich mir abends im »Gogärtchen« diktieren lassen. Anja hatte schon ein paar Gläser Rioja intus. Den Wagen haben wir stehen lassen. Am Nebentisch saß eine alternde Filmdiva, die ihre besten Zeiten auch schon lange hinter sich hatte. Und die mit langen, künstlichen Fingernägeln bewehrt den Neuen am liebsten die Augen ausgekratzt hätte. So sah es jedenfalls aus.

Wir wetten bei geschlossener Bahnschranke, ob der Autozug nach Niebüll fährt oder von dort kommt.

»Von rechts oder von links?«

»Links.«

»Um was?«

»Rotwein bei den drei Häschen. Oder ein Stück Pflaumenkuchen.«

»Okay.«

Meistens verliere ich.

Einige Male geht es mir schlecht. Aber Anja setzt auch der Angst Grenzen. Sachlich. Bestimmt. Unerbittlich. Klar. Und überhaupt nicht nett.

An einem Abend machen wir ein Picknick im Strandkorb und sehen dem Sonnenuntergang zu. Sand zwischen den Zehen, der kitzelt. Sand zwischen den Zähnen, den wir mit Wein runterspülen. Ich sehe der Sonne zu und denke, das Leben ist schön. Ob alt oder neu.

Das habe ich schon seit langem nicht mehr gedacht. Und es sollte noch einige Zeit vergehen, bis ich es wieder denken mochte. Aber das macht nichts. Mein Leben ist schön.

Abschied macht frei

Monate später. Wieder ist Sommer, heißer, schwüler, unangenehmer als der vergangene. Es ist der zweite Sommer in meinem neuen Leben. Manchmal denke ich, mein neues Leben ist schön. Manchmal, an besonders guten Tagen, kann ich es sogar fühlen. Schlechte Tage gibt es aber immer noch.

Ich bin in einem Krankenhaus. Psychiatrische Abteilung. Ein altes Haus auf einem großen Gelände. Backstein, solide, ein festes Haus, dicke Mauern als Schutz. Wer wird geschützt? Und vor wem? Die dort drinnen vor denen, die draußen leben und lachen und leiden? Oder ist es umgekehrt?

Ich gehe über einen langen Gang. Ich gehe durch eine Glastür. Hier riecht es so, wie es in allen Krankenhäusern riecht. Nach Krankheit. Und nach Hoffnung auf ein Danach.

Begutachtung. Ich bin hier, um mich ambulant begutachten zu lassen. Ein kurzer, amtlich angeordneter Besuch in einer Welt, die zu vermeiden ich mich sehr angestrengt habe. Ich habe mir große Mühe gegeben, mein neues Leben, dieses zerbrechliche Pflänzchen, vor dieser Welt zu bewahren. Es ist mir gelungen.

Eine Psychologin holt mich zur Untersuchung. Ich soll Tests machen. Sie ist jung, sympathisch, freundlich, mir zugewandt. Sie verwickelt mich in ein kurzes Gespräch. Alles ist irgendwie peinlich, angestrengt, bemüht. Kolleginnen unter sich. Die Erfahrene und die Berufsanfängerin. Diesmal nicht meine Praktikantin oder Hospitantin, keine Kollegin, die von mir lernen will. Sie will mich untersuchen. Und das tut sie. Sehr professionell. Ich fülle Testbögen aus. Ich kenne die meisten, habe sie im Laufe der Jahre vielen Menschen vorgelegt, ausgewertet, dann beurteilt. Diese Menschen.

Sie instruiert mich, sagt in standardisierten Worten, was ich beim Ausfüllen und Bearbeiten der Tests zu beachten habe.

»Ja, ich weiß.«

»Aber Sie wissen ja – ich muss das so machen wegen der Objektivität. Das kennen Sie ja.«

»Ja, das kenne ich.«

Ich bearbeite die Bögen, beantworte Fragen, lerne Substantive auswendig und gebe sie wieder. Einmal, zweimal, fünfmal. Ich versuche, mir Zahlenreihen einzuprägen. Ich löse Rätsel. Ich verweigere mich nicht, gebe mir aber auch nicht so viel Mühe, wie ich könnte. Meine Konzentration erlahmt. Wir machen weiter.

Sie ist so nett, diese junge Kollegin. Und sie macht ihre Sache sehr, sehr gut. Ich kann das beurteilen, weil ich in ihrem Alter auch testpsychologische Untersuchungen in einer psychiatrischen Klinik durchgeführt habe. An Kranken, Verwirrten, Gestrauchelten. Und hin und wieder an Menschen, die in ein neues Leben gestoßen worden sind. Ich fülle Testbögen aus und meine Vergangenheit sitzt mir gegenüber.

Sie macht ihre Sache wirklich gut. Wir sind fertig. Ich verabschiede mich. Ich bin müde. Erschöpft. Wehmütig. Nicht traurig.

Ich gebe ihr die Hand und weiß nicht, was ich ihr zum Abschied gesagt habe. Habe ich gesagt, dass sie ihre Sache gut gemacht hat? Hoffentlich. Ich verabschiede mich von ihr. Ich verabschiede mich von meiner Vergangenheit. Etwas wehmütig. Aber nicht traurig.

In dieser jungen Kollegin bin ich mir selbst begegnet. Und ich habe mich von mir selbst verabschiedet an diesem Tag, in dieser Klinik. Ich habe mich verabschiedet von meinem Leben als Psychologin. Jetzt soll etwas Neues kommen. Etwas, das in mein neues Leben passt. Und zu mir. Ich habe lange genug in den Abgrund gesehen. So lange, bis der Abgrund schließlich in mich gesehen hat. Und ich habe viele Hände, aber auch viel zu viele Pranken gedrückt. Beide Bilder sind von Nietzsche. Es reicht jetzt. Es ist genug. Das ist von mir.

Ich muss auf die Suche gehen. Und werde die Suche damit beginnen, indem ich meine Geschichte aufschreibe. Gehalten und gestützt von starken Seilen.

Starke Seile machen sicher

Ich habe versucht, all das zu beschreiben, was mir beim Überleben geholfen hat. Vor allem die Menschen, die weiter um mich herum sind und die mich nun bei meiner Suche begleiten werden. Die Menschen, die natürlich im richtigen Leben nicht Helmut, Moni oder Dr. Lange heißen. Das versteht sich ja von selbst.

Einige fehlen noch.

Die Entscheidung, ob ich sie an dieser Stelle erwähnen möchte, fiel leicht. Ich möchte nicht langweilen. Aber ich werde, ich will und ich muss jeden erwähnen, der aus meiner Sicht einen wichtigen Beitrag zu meinem Überleben geleistet hat. Und sei dieser auf den ersten Blick auch noch so klein. Ohne diese Menschen wären meine Geschichten vom Überleben unvollständig.

Melanie war während der Verhandlung bei mir, bei uns. Sie hatte ihren unglaublichen Optimismus, ihre Schönheit, ihre Musik und ihre Filme dabei, auch ihre Stärke und ihre Sensibilität. Melanie weiß, was gemeint ist – ich habe nämlich viel zu wenig gekotzt, geschrien und geweint. Melanie hat gut für uns gesorgt in den Tagen, in denen wir so sehr auf Sorge angewiesen waren. Auf Sorge. Sorgen hatten wir nämlich schon genug.

Bei Andrea habe ich einen wunderbaren Nachmittag auf der weltschönsten Dachterrasse verbracht. Ich durfte anders sein als früher und sie hat mich nicht komisch angesehen. Andrea hat die beste aller Emmas, die nie bellt. Mal abgesehen von den tausend Ausnahmesituationen, für die das nicht gilt. Andrea hatte einen senilen, stocktauben, inkontinenten Rauhaardackel – er ruhe in

Frieden –, der auf unseren Teppich gepinkelt hat. Andrea hat es unter Protest rausgewaschen. Andrea hat eine hochneurotische weiße Perserkatze namens Lilli und Schröder, einen 10-Kilo-Kater. Andrea vertritt mit Vehemenz die Annahme, dass ihre Probleme im Regelfall größer sind als die aller anderen Menschen zusammen. Und Andrea wird nie, nie, absolut nie lernen, wie man ein vernünftiges Farbensolo beim Doppelkopf spielt. Eigentlich versteht sie noch nicht mal, was ein Farbensolo ist. Das alles bringt mich zum Lachen. Andrea wäre beleidigt, wenn ich kein Kochrezept von ihr erwähnte. Sie hält sich nämlich für eine besonders tolle Köchin, was aber nur dann zuträfe, wenn Körpergewicht und Kochkunst positiv korrelierten. Das tun sie nicht. Aber weil Andrea nun mal ist, wie sie ist, nehme ich ihr marokkanisches Hühnchen, das natürlich nicht aus Marokko stammt, in die Sammlung auf. Unter Protest.

Saskia, die schöne Saskia, die Lakritze so sehr liebt, tritt mich in den Hintern, wenn ich keine Lust auf Sport habe. Außerdem plaudert sie mit mir von Balkon zu Balkon und freut sich, wenn ich ihr oder ihrem hinreißenden Sohn Socken stricke. Über kleinere und größere Schönheitsfehler sieht sie dabei geflissentlich hinweg – es geht doch nichts über echte und richtige Handarbeit, so sagt sie. Ich wüsste gern, ob Frau Hoppe vom Balkon schräg links unten manchmal zuhört, was Sassi und ich uns zu erzählen haben. Bei einer Zigarette. Von Balkon zu Balkon. Und was sie wohl über uns denkt.

Sonja hat sehr bewegende Worte für mich gefunden, die mir wirklich ein Trost gewesen sind und mir das Gefühl genommen haben, von der Welt vergessen worden zu sein. Sie hat sich Mühe gegeben. Mit mir und für mich.

Juliane war nie bereit aufzuhören, mich zu ermutigen, gut auf mich achtzugeben, neue Pläne zu entwerfen, zu träumen und alles hinter mir zu lassen, was mir nicht guttut. Und im Zweifel hat sie mir gesagt, was das genau ist.

Klaus hat mich an einem sonnigen Sonntagvormittag auf einen schnellen Milchkaffee eingeladen. Und mir die Geschichte vom Säbelzahntiger, der unseren Altvorderen große Angst gemacht hat, erzählt. Ich erlebe manchmal die gleiche Angst. Nur ohne Tiger.

Hannelore hat mir ein Täfelchen Trostschokolade geschenkt. Die hat natürlich sofort mein Mann verputzt oder eingeatmet, aber was soll's. Trost bleibt Trost.

Christina hat einen 100-Euro-Satz erfunden: »Eine Preusker und Angst? Das passt nicht zusammen.« Und sie hat mir eine kleine Suppenterrine aus ihrer umfangreichen Sammlung geschenkt. Das Beste war aber der Tipp mit der Secondhandboutique, in der ich Frustkäufe tätigen kann, ohne mich finanziell komplett zu ruinieren. Denn diese Gefahr besteht natürlich bei einem krassen Missverhältnis zwischen dem Ausmaß an Frust und den finanziellen Verhältnissen der Frustrierten. Dank Christina habe ich Kleidung von mir dort verkaufen und den erzielten Gewinn umgehend reinvestieren können. Dank Christina bin ich auf diese Art und Weise kostengünstig an ein Paar silberne Prinzessinnen-Schuhe, einen Schal, lila, zwei Jacken und eine Weste, alles schwarz, gekommen. Und an eine neue Lederjacke. Meine alte liegt noch bei der Staatsanwaltschaft im Keller. Zusammen mit den anderen Sachen, die ich damals trug. Ich glaube nicht, dass ich sie jemals wiedersehen möchte. Das war ein wirklich guter Tipp, Christina.

Irmgard ist mir erst in meinem neuen Leben vor die Füße gestolpert. Sie ist die erste Frau, die eine Freundin werden kann und wird, die mich aus dem alten nicht kennt. Und die mir daher das Gefühl geben kann, das neue sei schon immer da gewesen.

Abgesehen davon habe ich Irmgard ein fundiertes Fußballwissen zu verdanken. Und die Erkenntnis, dass die Schweinis und Lahms dieser Welt auch nur Menschen sind. Und viel zu jung für den dritten Platz. Stimmt's, Irmi?

Janine hat mir immer dann einen Kaffee spendiert, wenn ich ihn am dringendsten gebraucht habe.

Jan war da. Kompromisslos. Hartnäckig. Immer wieder hat er uns seine Hilfe und Unterstützung angeboten. Nie ermüdend. Wir haben sie nicht angenommen, nicht annehmen müssen, aber die Gewissheit, dass sie da ist, war ein stabiler Stock, an dem ich mich in den tiefsten Tälern festhalten konnte.

Uwe hat uns in der Vorweihnachtszeit besucht und seine Geschichte vom Überleben erzählt. Respekt für das, was du geschafft hast, Uwe. Ähnliches gilt für die tapfere Edith. Wir drei zusammen, Uwe, Edith und ich, wir könnten den Club der Stehaufmännchen gründen.

Und wenn es Probleme gibt mit meinen Zähnen, hat Dr. Ernst immer einen Termin für mich frei. Mich wie ein dicker Käfer hilflos auf dem Rücken in einem Zahnarztstuhl wiederzufinden, war schon immer ein Problem. Leider auch für die Person vorm Stuhl. Dr. Ernst weiß das, erträgt es und erspart mir deshalb in meinem neuen Leben den Weg zu einem Fremden. Ich wette trotzdem, dass er meine Karteikarte mit einem kleinen Totenkopf versehen hat und seine Augen seufzend gen Himmel wandern lässt, wenn er meinen Namen im Kalender liest. Er bestreitet das entschieden. Ich glaube ihm kein Wort.

Martin hat immer wieder auf seine Frau verzichtet, auf ihre Verpflegung und ihre Pflege, damit sie sich um mich kümmern konnte. Und er hat trotz meiner unterirdischen Mathe-Kenntnisse nie an meiner Intelligenz gezweifelt. Im Gegensatz zu mir selber.

Auch Silvia hat einen 100-Euro-Satz geprägt. Der ging in etwa so: »Ich hatte Angst hierherzukommen. Aber es ist fast wie früher. Die alte Susanne blitzt durch. Die ist ja gar nicht weg.« Das war in meinem neuen Leben, als es noch sehr neu war. Silvia hatte etwas anderes gesehen als das, was ich morgens im Spiegel erblickte. Ich war so froh darüber.

Martina ist nicht so gut im Erfinden von 100-Euro-Sätzen. Aber das macht nichts – sie backt nämlich den besten, angeblich auch kalorienärmsten Apfelkuchen überhaupt. Und sie ist die einzige ernst zu nehmende Scrabble-Gegnerin, die ich je hatte und je haben werde. Neues Leben hin und her – die Revanche, Tina, steht noch aus. Außerdem verstehe ich immer noch nicht, was genau du gegen das Wort »Tonigelfigur« einzuwenden hattest. Das hat mich eine Menge Punkte gekostet.

Mich haben, kurz nachdem ich aus meinem alten Leben gefallen bin, zahlreiche Briefe und Karten erreicht. Ich war lange außerstande zu antworten. Jetzt ist der richtige Zeitpunkt längst vorbei. Aber: Ich habe jeden Brief, jede Karte verwahrt. Trostpost. Und zusammengenommen ergeben diese oft mutigen, nie nichtssagenden Worte starke Seile, die mich in der ersten Zeit im neuen Leben gehalten haben.

Ein Beispiel. Stellvertretend für alle:

Wir alle kennen Zeiten, in denen es so aussieht, als wanderten wir durch eine tiefe, dunkle Schlucht. Wir denken, lange kann es so nicht mehr weitergehen – ob ich noch einmal herauskomme? Einmal habe ich eine Zeit lang mit jemandem zusammenarbeiten können, bei dem ich erlebte, wie er eine schwere Zeit mit einer erstaunlichen Durchhaltekraft bestand. Später habe ich ihn einmal danach gefragt. Seine Antwort verstand ich zunächst nicht ganz, er sagte: »Man muss in solchen Zeiten und Entscheidungssituationen die gute durchgehende Grundlinie seines Lebens wahrnehmen.

Jeder Mensch hat schon erlebt, wie er durch schwierige Krisenzeiten hindurchgekommen ist. Da gab es Hilfe von außen, da gab es aber auch – und das wird wichtiger sein – Hilfe aus dem eigenen Leben von innen her. Man muss sich daran erinnern: Was war da, in dieser schwierigen Situation in meinem eigenen Wesen, das mir geholfen hat durchzuhalten? Jeder hat in sich einen guten Grundzug, eine gute Grundleitlinie, Grundlage seines Wesens. Diesen tiefsten guten Grundzug erspüren und aufkommen lassen und darauf zu leben versuchen – das ist es.«

Dies ist ein Auszug aus einem Text von Bours »Die gute Kraft in schweren Zeiten«. Ich kannte in meinem alten Leben weder den Verfasser noch dessen Werk. Was schwere Zeiten sind, wusste ich. Dachte ich damals zumindest. Kannte ich eine gute Kraft? Das kann ich heute nicht mehr sagen.

Am 29. April 2009, mein neues Leben war gerade zwanzig Tage alt, ist mir dieser Text geschenkt worden.

Stellvertretend für alle:

»Das Alte stürzt, es ändert sich die Zeit, und neues Leben blüht aus den Ruinen.« Schrieb Schiller in Wilhelm Tell. In diesem Sinne wünsche ich Dir Gesundheit. Zum Obenschwimmen, Krachenlassen und Wachsambleiben.

Ich kannte Schiller. Und ich kannte das obige Zitat von ihm, das mich erreichte, als mein neues Leben schon etwas älter war, sich aber immer noch sehr neu anfühlte.

Stellvertretend für alle:

Gestern hat sich bei uns im Garten ein Maikäfer ans Licht gewagt. Wir hoffen und wünschen, dass auch Du bald aus dem Schatten zum vollen Licht zurückkommst.

Dieser Wunsch kam zu mir in einer Zeit, als es eigentlich schon viel zu kühl für Maikäfer war. Glaube ich jedenfalls. Vielleicht war der, von dem hier die Rede ist, auch aus seinem Leben gefallen.

Wenn das bei Maikäfern möglich ist. Aber warum sollte es das nicht sein?

Stellvertretend für alle:

Eine Karte. Abgebildet ist eine Flaschenpost. Darunter die aufgedruckte Zeile:

Eine Nachricht für Dich. Sie wird Dich finden, wo immer Du bist.

Auf der Rückseite ein schlichter Vorname. *Ich denke an Dich. Geschrieben im Mai 2009.*

So viele Karten, Briefe, SMS, E-Mails, Grüße. Trostpost. Trostgedanken. Starke Seile. Ich verwahre sie weiter. Vielleicht für immer. Vielleicht kommt aber auch der Tag, an dem ich sie entsorge. So, wie wir alle alte Geburtstags- und Weihnachtsgrüße irgendwann entsorgen, weil wir sie nicht mehr brauchen. Weil ihre Zeit abgelaufen ist, ihre Aufgabe erledigt ist.

Es hat natürlich auch Menschen gegeben, deren Reaktionen aus welchen Gründen auch immer wenig hilfreich, manchmal verletzend oder auch nur ignorant waren. Solche Menschen gab es in meinem alten Leben, es gibt sie in meinem neuen. Es gibt sie in jedem Leben.

Ich war gerade draußen. In Frau Hoppes Wohnung sind alle Fenster geschlossen. Der Balkon ist fast leer. Bis auf die Hausschuhe. Wo, bitte sehr, ist Frau Hoppe?

Zusammenfassen macht Mühe

Was außer den Menschen um mich herum hat mir noch beim Überleben geholfen?

Sport, Bewegung, rausgehen, sich verausgaben, den Atem und das Herz spüren. Ablenkung. Und dabei den inneren Schweinehund an die Kette legen. Und zwar immer dann, wenn er fröhlich mit dem Schwanz wedelt. Und das tat und das tut er oft. Und er wedelt nicht nur mit dem Schwanz, er spricht auch. Wie in einem schlechten Trickfilm. Du kannst nicht. Sagt er. Du hast Angst und du weißt nicht, was dich dort draußen erwartet. Stellt er fest. Warte ab, bis es dir besser geht. Schlägt er vor. Zuckersüß. Und er weiß genau: Dieser Tag kommt nicht. Der innere Schweinehund lügt. Es wird keinen Morgen geben, an dem man aufwacht und alles fühlt sich wunderbar und wie früher an. Geschenke gibt es nicht, wenn man sich ein neues Leben zu erarbeiten hat. Am Anfang bleibt nur Überwindung. Das weiß der innere Schweinehund genau, aber er gibt es nicht zu. Er flüstert, es sei besser, zu grübeln und nachzudenken und sich vor der Welt zu verstecken. Am besten in des Herzens letzter, ärmster Kammer, um Rilke zu zitieren. Man darf dem Hund nicht glauben. Er gehört an die Kette, denn auf ihn zu hören, muss man sich leisten können. Ich konnte es nicht.

Das Meer. Am Meer sitzen und wissen oder auch nur erahnen, dass es immer da war und immer da sein wird. Und dass es schon viele Leben gesehen hat. Alte und neue. Das Meer, das raunt: Du bist nicht der Nabel der Welt. Und wenn man das nicht hören möchte oder so tut, als verstünde man es nicht, kann es zur Not auch mal brüllen, das Meer. Ersetze Meer durch Berg, Fluss, Baum. Ersetze Meer durch Natur.

Lachen. Über Filme und Geschichten und Anekdoten und Witze und ab und zu über sich selber. Einfach lachen, sooft es geht. Die Dämonen aus- und weglachen. Nein, falsch: Es ist nicht einfach. Es gab Zeiten, da war es sogar sehr, sehr schwer. Aber es war immer notwendig. Überlebensnotwendig.

Musik. Lieder von *Metallica, Serj Tankian, Nightwish, Manowar, Rosenstolz, Rammstein, Ich + Ich* und vielen anderen. Niemandem muss diese Musik gefallen. Mir hat sie geholfen. Genauso wie die vielen Bücher, die ich gelesen und größtenteils schon wieder vergessen habe: Liebesgeschichten, Autobiographien, Krimis, sogenannte Werke der Weltliteratur. Es war alles dabei von anspruchsvoll bis unterste Schublade. Nur kein Fachbuch. Hätte ich ein Fachbuch gelesen, wäre ich mir vorgekommen wie der Tischler, bei dem daheim die Türen klemmen. Und der sich dann das Büchlein »Türen reparieren – leicht gemacht« zu Gemüte führt. Lächerlich. Ineffektiv. Überflüssig. Die klemmenden Tischlertüren und die psychischen Probleme einer Fachfrau sind durchaus vergleichbar – beide müssen auf ihrer eigenen Baustelle zum Schraubenzieher greifen. Dass es die eigene Baustelle ist, macht die Angelegenheit nicht unbedingt leichter.

Hinhören. Hinsehen. Ein Trauma setzt Maßstäbe. Es ist verlockend, aber falsch, diese Maßstäbe anzulegen, um dann im trüben Gewässer der Eigenbezüglichkeiten abzutauchen. Hilfreicher ist es, genau hinzusehen und hinzuhören und dabei zu bemerken, dass andere Menschen andere Geschichten haben. Und ihre eigenen Maßstäbe. Wie raunt das Meer? Du bist nicht der Nabel der Welt. Die verschiedenen Nabel der verschiedenen Welten sehen anders aus. Und das ist auch gut so.

Mut. Das Wichtigste war Mut: Mut, sich Hilfe zu holen. Mut, anderen Menschen zu vertrauen. Mut, mit ihnen rumzuzanken. Mut, Medikamente zu nehmen. Mut, eine psychotherapeutische Behandlung anzufangen, durchzustehen und auch zu gegebener Zeit zu beenden. Mut, auf kluge Leute zu hören, genau hinzuhören, was sie zu erzählen haben. Mut, etwas Neues anzufangen, neue Erfahrungen zuzulassen. Mut, sich darüber freuen zu können. Mut zur Dankbarkeit. Mut zur Akzeptanz des Unausweichlichen, der Akzeptanz von Angst, Unsicherheit, Entfremdung, Trauer, Scham, Wut, Rachewünschen, Neid, Selbstmitleid. Der Mut, nichts und niemandem Macht einzuräumen, der Welt, die andere Nabel hat, entgegenzutreten. Der Mut zum Kampf. Immer wieder aufs Neue. Der Mut, Rückschläge zu riskieren, einzustecken und trotzdem nicht aufzugeben. Der Mut, Fehler zu machen. Der Mut, Geduld zu haben. Und schließlich der Mut zum Glauben. Zu dem Glauben, dass nichts ohne Sinn geschieht. Dass es schon irgendwie weitergehen wird. Dass schon irgendwer aufpasst. Wer auch immer das ist. Und wie verquer dessen Logik auch aussehen oder sich anfühlen mag.

Die Sache mit dem Mut war am schwersten. Es war anstrengend, sich immer wieder um diesen Mut zu bemühen. Bemühen. Das ist eine Vier minus. Aber eine Vier minus ist besser als eine Fünf.

Zu diesem Kampf um Mut gehört es auch, Briefe wie den folgenden zu schreiben. Ich habe ihn nie abgeschickt, aber die Person, für die er gedacht ist, wird ihn hier lesen und verstehen, dass sie gemeint ist und worum es geht. Ganz sicher.

Wir haben uns lange nicht gesehen. Es ist auch lange her, seit wir das letzte Mal miteinander telefoniert haben. Ich habe Dich angerufen, Deine Stimme klang anders als sonst, und Du hast mir sofort Vorwürfe gemacht. Du hast gesagt, Du könntest nicht verstehen, wieso ich die Menschen, die ehemaligen Kollegen so fertiggemacht hätte. Vor Gericht so plattgemacht hätte – das waren Deine Worte. So hast Du es ausgedrückt. Ich habe niemanden plattgemacht. Ich habe nur Fragen gestellt. Und zwar den Leuten, die in den sieben Stunden, in denen ich unter Todesangst immer wieder vergewaltigt worden bin, ihre Arbeit nicht so gemacht haben, wie sie sie hätten machen müssen und sollen. Das habe ich Dir erklärt. Ich habe Dir auch erklärt, dass solche Fragen erlaubt sein müssen, wenn einer Frau inmitten eines Hochsicherheitsgefängnisses unter Augen und Ohren vieler Sicherheitsfachleute das passiert, was mir passiert ist. Solche Fragen müssen erlaubt sein. Ich habe lange genug im Gefängnis gearbeitet. Auch mir sind Fragen gestellt worden, wenn ich Fehler gemacht habe. Du verstehst das nicht, weil Du Teil eines Systems bist, das beschlossen hat, die Art von Fehlern, die mich mein altes Leben gekostet haben, zu ignorieren. Eines Systems, das beschlossen hat, das Opfer habe sich gefälligst wie ein Opfer zu verhalten. Nicht wie eine Täterin. Nicht wie eine Anklägerin. Und Du verstehst es nicht, weil Du noch nie aus einem Leben, das Du liebtest, gestoßen worden bist. Ich hoffe auch, es passiert Dir nie, weil du nämlich schon aus viel nichtigeren Anlässen tief verzweifelt gewesen bist. Das weißt du. Und ich weiß es auch.

Du hast recht – zunächst hat der Täter gehandelt. Dafür ist er bestraft worden. Es gab aber andere, die ihn haben gewähren lassen. Diese sollen zumindest Fragen beantworten und nachdenken. Einfach nur mal nachdenken. Ich habe versucht, Dir das verständlich zu machen. Ich glaube nicht, dass mir das gelungen ist. Du hast Dich nie wieder bei mir gemeldet. Deine Vorwürfe haben mich tief getroffen. Sehr tief. Ich dachte, ich könne Dich in mein neues Leben mitnehmen. Das war ein Irrtum.

Der Mut loszulassen hat mir geholfen.
Manchmal auch ein oder zwei Gläser Rotwein.
Dieses Buch zu schreiben, hat mir geholfen.
Und das Kochen natürlich auch.

Überleben macht hungrig

Kochen ist eine zutiefst befriedigende, meditative Beschäftigung, die im Idealfall zu einem passablen Ergebnis führt und der Köchin dann satte, glückliche Gesichter beschert. Kochen lenkt ab, ist kreativ und auch lebensnotwendig. Bodenständig kochen, ist damit gemeint. Nicht gemeint ist das tägliche Rumbrutzeln, um nörgelnde Kinder und schlecht gelaunte Ehepartner zwischen Job, Bügelwäsche und Elternsprechtag mit dem Erforderlichen zu versorgen. Nicht gemeint ist die Mousse au Soundso an einem Sößchen von diesem mit aromatisiertem Dings von jenem und einem Hauch von wieder etwas anderem. Das hat mit der Art von Kochen, um die es hier geht, nichts gemein, das ist einfach nur dekadent.

Die Rezepte, die mich beim Überleben begleitet haben und die im Text Erwähnung finden, habe ich zusammengetragen. Grund ist, dass mich die Kombination von Kochrezepten und fließendem Text fasziniert, seitdem ich als Jugendliche Simmels »Es muss nicht immer Kaviar sein« gelesen habe. Meiner Ansicht nach bedauerlicherweise ein völlig unterschätzter und zu Unrecht in Vergessenheit geratener Roman.

Und den Kritikern, Gutmenschen, Feingeistern und Sensibelchen, die erwartungsgemäß die Ansicht vertreten werden, Kochrezepte hätten in einem Buch, in dem es um schlimme Verbrechen geht, aus moralischer, kulinarischer, psychologischer oder sonstiger Sicht nichts verloren und im Übrigen stelle dies eine bodenlose Geschmacklosigkeit dar, sei entgegnet: Essen und

Trinken sind fixe und nicht wegzudiskutierende Bestandteile des Überlebens. Ob es einem passt oder nicht. Das weiß jeder, der mal *Robinson Crusoe* gelesen hat. Und das einzig wirklich Geschmacklose, das ich kenne, ist das Leben. Zumindest manchmal.

Bumbum

Das Grundrezept: In einen handelsüblichen 10-Liter-Haushaltseimer 4 l Wodka, 1 l Batida de Coco, ½ l Amaretto, 4 l Ananas- oder Grapefruitsaft sowie eine Dose Kokosmark und 3 Fingerhüte Rosenöl geben, das alles gut verrührt und eisgekühlt servieren. Schmeckt wirklich spitze, behauptet mein Mann. Aber natürlich stimmt das nicht. Siehe oben.

Spaghetti aglio e olio

Spaghetti al dente kochen. Dazu das Wasser leicht salzen und einen Klecks Butter dazugeben. Das hilft gegen das Überkochen. Olivenöl ins Wasser zu geben, schadet nichts, nützt aber auch nichts. Ab und zu mal mit einer Gabel umrühren. Während die Spaghetti kochen, einige Knoblauchzehen fein schneiden und in reichlich, wirklich reichlich gutem Olivenöl weich, aber nicht braun braten. Eventuell 1 bis 2 getrocknete oder frische Chilischoten, klein gehackt oder geschnitten, hinzugeben.

Heiße Spaghetti in einer Schale mit dem Knoblauch-Öl vermengen. Grob gehobelten, frischen Parmesan dazu – fertig. Natürlich kann man das Ganze noch mit getrockneten Tomaten, gerösteten Pinienkernen, weißem Balsamico oder Rucola aufpeppen. Und ehe man zu dem weißen Parmesanpulver aus dem Tütchen im Kühlregal greift – besser ganz auf Käse verzichten. Oder gleich einen Sack Holzspäne kaufen. Die schmecken nämlich genauso, nehme ich an.

Sauerfleisch

2 kg gepökelten Schweinenacken (vorbestellen) in einen kochenden Sud aus 4 großen Zwiebeln (in Scheiben), ½ Liter Weißweinessig, 4 Lorbeerblättern, 2 Päckchen Sauerbratengewürz à 12,5 g, 1 Teel. Salz, 2 Essl. Zucker und 1 ½ Teel. Pfefferkörnern geben. Der Sud muss unbedingt kochen, wenn das Fleisch hineingegeben wird, und das Fleisch fast bedecken. Bei kleiner Hitze 1 ½ bis 2 Stunden kochen lassen, dann herausnehmen und in Stücke schneiden, dann in eine Form legen. Zur Deko evtl. ein paar Zwiebelringe, Gewürzkörner und Lorbeerblätter auf das Fleisch legen. 12 Blätter weiße Gelatine einzeln in kaltes Wasser legen und 5 Minuten einweichen. 1 l Kochsud abmessen, mit Salz und Zucker nachwürzen, evtl. auch noch Essig hinzugeben, eingeweichte, ausgedrückte Gelatine unter Rühren im heißen Sud auflösen. Sud über das Fleisch geben. Es sollte fast vollständig bedeckt sein. Abkühlen lassen, dann 2 bis 3 Tage in den Kühlschrank stellen. Man kann auch Bauchfleisch, dicke Rippe oder Kotelett nehmen. Gepökelt muss es nicht sein, ungepökeltes Fleisch wird beim Kochen gräulich. Das macht aber nichts. Zum Sauerfleisch isst man Bratkartoffeln, saure Gurken und Remouladensoße. Kann man selber machen, die aus dem Glas tut's aber auch.

Kartoffelpuffer

Für eine ordentliche Portion 12 dicke Kartoffeln und 3 Zwiebeln reiben. 6 Eier und eine Handvoll Haferflocken dazugeben. Mit Salz, Pfeffer und einer Prise Zucker abschmecken. Puffer in Öl backen. Dazu passt Apfelmus, am besten selbst gemacht. Im Notfall auch Heidelbeeren aus dem Glas.

Marinierte Pilze

Kleine Champignons putzen und in Olivenöl anbraten und garen. Klein geschnittene Schalotten dazu. Mit Balsamessig ablöschen. Etwas Zucker und reichlich Rosmarinnadeln dazugeben. Etwas einkochen, dann abkühlen lassen und im Kühlschrank aufbewahren. Am andern Tag servieren. Evtl. vorher noch mit Pfeffer, Essig, Zucker abschmecken. Lecker zu Gegrilltem oder als Vorspeise. Oder einfach nur so.

Käsefüße

500 g Mehl, 250 g Butter, 2 Eier, 400 g geriebenen Käse, ½ Päckchen Backpulver, 2 Essl. Milch und eine Prise Salz verkneten. Teig ausrollen und Füße ausstechen. Entsprechende Förmchen gibt es in gut sortierten Haushaltswarenabteilungen. 10 Minuten bei 170 Grad backen. Die fertigen Füße können mit Paprikapulver oder Kümmel bestreut werden, man kann die Gewürze aber auch gleich mit unter den Teig arbeiten. Schmeckt besser mit herzhafterem Käse wie z. B. Emmentaler oder Appenzeller, mit jungem Gouda wird es eher fade.

Thai-Seafood-Suppe

1 l Fischfond, Saft von ½ Limette, 2 Essl. Sherry oder Reiswein, 2 Porreestangen, 2 Schalotten, 1 Essl. gehackter Ingwer, 1 rote Chilischote, 220 g Garnelen, 220 g Jakobsmuscheln, 1 ½ Essl. Petersilie, Salz und Pfeffer. Das Gemüse, Ingwer und die Chilischote im Fischfond, mit Limettensaft und Sherry bzw. Reiswein vermischt, garen. Dann die Garnelen und Muscheln darin garen. Mit Salz und Pfeffer würzen. Das Ganze funktioniert auch mit Fischfilet. Oder mit allem zusammen.

S'Allergröschde (Linsen mit Spätzle und Würstchen)

250 g Linsen über Nacht einweichen. Ein großes Stück Karotte, 1 große Zwiebel, 50 g Lauch, 50 g Sellerie klein schneiden und in Öl anbraten. 1 ½ l Wasser, einen Brühwürfel, die abgetropften Linsen, außerdem 1 Lorbeerblatt, Majoran, 4 Wacholderbeeren und 4 Nelken zugeben und 1 Stunde köcheln lassen. Inzwischen die Spätzle herstellen. Dazu aus 250 g Mehl, 1 Teel. Salz, 2 Eiern und etwas Wasser einen zähen Teig bereiten und mit einem Rührlöffel bearbeiten, bis er Blasen wirft. Den Teig immer wieder durchschlagen. In einem großen Topf Salzwasser zum Kochen bringen und die Spätzle hineinschaben. Geht anstatt mit Spätzlebrett und Schaber auch mit einem einfachen Holzbrett und Messer. Entsprechende Anleitungen finden sich auf youtube.com. Wenn die Spätzle oben schwimmen, mit einem Schaumlöffel herausnehmen und warm stellen. Dann 150 g durchwachsenen, geräucherten Speck in Würfel schneiden, anbraten und kurz vor Ende der Garzeit zu den Linsen geben. Nun eine dunkle Einbrenne herstellen: 50 g Butter in einem Topf zerlassen, 2 Essl. Mehl einrühren und rösten, bis es mittelbraun ist. Nach und nach etwas Linsenbrühe dazugeben und glatt rühren, damit keine Klümpchen entstehen. Immer wieder aufkochen lassen, bis eine mitteldicke Flüssigkeit entstanden ist. Diese zu den Linsen geben. Alles mit Salz, Rotweinessig, Zucker und Majoran kräftig abschmecken. Zu den Linsen und den Spätzle serviert man Wiener Würstchen. Klingt alles sehr aufwendig. Ist es auch.

Curry

Linsen, gleich welche, über Nacht einweichen. Am anderen Tag klein geschnittene Zwiebeln, Paprika und Kartoffeln, geschält und in Würfel geschnitten, in neutralem Öl oder Chiliöl anbraten.

Eingeweichte Linsen und eine Dose Tomaten oder Tomatenwürfel dazugeben. Mit Gemüsebrühe auffüllen. Etwas köcheln lassen. Dann ein Glas rote Currypaste dazugeben. So lange köcheln lassen, bis die Kartoffeln weich sind. Immer wieder umrühren und, falls notwendig, Brühe oder Kokosmilch nachgießen. Gegen Ende der Garzeit gewürfelten Tofu dazugeben. Abschmecken mit Chili, Salz und Pfeffer. Pilze, Zucchini und Auberginen können auch mitgegart werden. Dazu: Reis, Brot oder nichts.

Spiegeleibrot

Man bestreiche einige Scheiben Hildesheimer Gersterbrot dick mit Butter. Dann brate man mehrere Spiegeleier so, dass das Eigelb fest und mit einer hellen Haut überzogen ist. Das funktioniert am besten, indem man einen Deckel auf die Pfanne legt. Die Spiegeleier abkühlen lassen. Dann auf jede Scheibe Brot ein Spiegelei legen, salzen und pfeffern und zusammenklappen. Hinweis: Das funktioniert nur mit Gersterbrot. Die Spiegeleibrote eignen sich prima als Kraftnahrung für Wanderungen, sollten dann aber durch saure Gurken, Mettklöße und eventuell Kartoffelsalat ergänzt werden. Auch Schmalzbrote passen.

Kohleintopf

Gehobelten Weißkohl, klein geschnittene Paprika, geschälte, klein geschnittene Kartoffeln in Gemüsebrühe weich dünsten. Mit Salz, Pfeffer und Paprikagewürz abschmecken. Kann man mit Essig und Zucker essen, muss man aber nicht. Dazu passen Würstchen, Rauchenden oder ähnlich Deftiges. Mary übernimmt keine Haftung – Zitat: »So was koche ich frei nach Schnauze.«

Käsesalat

Reichlich mittelalten Gouda in kleine Würfel schneiden. Keinen anderen Käse nehmen – der klebt zusammen, und man ärgert sich. Silberzwiebeln, klein geschnittene Gewürzgurken, abgetropfte Kidneybohnen, klein geschnittene Peperoni, klein geschnittene eingelegte Paprika – alles aus dem Glas bzw. der Dose – dazugeben. Einige Löffel Mayonnaise darunterheben. Es muss eine gute sein, die mit dem höchsten Fettanteil. Hilft nichts. Dann mit Salz, Pfeffer, Cayennepfeffer und einem Spritzer Worcestersoße abschmecken. Der Salat ist nur dann richtig, wenn er sehr scharf ist.

Pizza mit Thunfisch, Zwiebeln und Kapern

Nehmen Sie das Telefonbuch der Stadt, in der Sie leben, und suchen Sie einen Pizza-Bringdienst heraus. Bestellen Sie unter Angabe Ihrer Anschrift eine Pizza mit Thunfisch, Zwiebeln und Kapern. Und Oliven und Peperoni, wenn Sie mögen. Sofern solches nicht im Repertoire ist, suchen Sie einen anderen Pizza-Bringdienst und wiederholen Sie den Vorgang. Alles andere hat überhaupt keinen Zweck. Die Kombi Sardellen, Kapern und Oliven ist übrigens auch sehr lecker.

Himbeer-Sahne-Baiser

In einer großen Schüssel abwechselnd tiefgefrorene Himbeeren, ungesüßte geschlagene Sahne und zerkrümeltes weißes Baiser vom Bäcker oder aus dem Süßigkeitenregal schichten. Jede Schicht ungefähr 2 Finger breit und immer die genannte Reihenfolge beibehalten. Die letzte Schicht muss Baiser sein. Schüssel in den Kühlschrank stellen und servieren, wenn die Himbeeren an-, aber noch nicht ganz aufgetaut sind. Das Prinzip funktioniert auch mit gefrorenen Erdbeeren, Himbeeren passen aber besser. Das Zeug macht süchtig. Und fett.

Spaghetti mit Schafskäse und Knoblauch

Spaghetti al dente kochen. Zwischenzeitlich reichlich Schafskäse zerbröckeln und mit einigen Esslöffeln richtig guten Olivenöls verrühren. Viele, viele Knoblauchzehen in feine Stücke schneiden und dazugeben. Nur mit Pfeffer würzen. Die fertigen Spaghetti mit dieser Mischung vermengen. Man kann in der Hoffnung, den Knoblauch zu zähmen, gehackte glatte Petersilie dazugeben. Das hilft aber auch nicht wirklich.

Gebackener Ziegenkäse

Getrocknete Pflaumen mit Lorbeerblatt in Sherry dünsten und etwas Pflaumenmus dazugeben. Pfeffern und etwas einkochen lassen. Zwischenzeitlich Ziegenkäse in Blätterteig einpacken und backen. Grad und Dauer muss man ausprobieren. Den Backpflaumensud zu den Blätterteigpäckchen servieren. Mit Rucola, Walnüssen und eventuell Birnenspalten garnieren. Macht mächtig was her.

Marokkanisches Hühnchen (für Faule)

Hähnchenbrust und/oder -schenkel würzen, mit Öl bestreichen und im Backofen durchgaren. Dann die Teile in eine Auflaufform legen, das ausgetretene Bratfett darübergeben. Den Inhalt eines Glases fein geschnittenen Selleriesalats nebst der Flüssigkeit über das Fleisch verteilen, 10 Minitomaten, halbiert, und einige schwarze Oliven dazugeben. ½ Beutel Mandelscheiben darauf verteilen, mit Sahne auffüllen und das Ganze in den heißen Backofen schieben und warten, bis es brutzelt. Die Mandeln sollten braun, nicht schwarz werden. Dazu Reis und Salat. Schmeckt am besten, wenn es bereits am Vortag zubereitet wurde und im Kühlschrank durchziehen konnte. Dann nur noch aufwärmen. Kocht sich sozusagen von alleine. An Arbeitszeit fallen, so die Erfinderin, nicht mehr als 3 Minuten an.

Apfelkuchen

Für den Teig: 200 g Butter, 300 g Mehl, 100 g Zucker, 1 Teel. Backpulver, 1 Ei, 1 Prise Salz. Für die Füllung: 1 kg Äpfel, 100 g gehackte Haselnüsse, 100 g Rosinen, Saft einer Zitrone, 100 g Zucker, abgeriebene Schale einer Zitrone, 1 Teel. Zimt. Für die Glasur: 200 g Aprikosenkonfitüre, 200 g Puderzucker. Zubereitung: Zutaten zu einem glatten Teig verkneten, dann in Frischhaltefolie einwickeln und ca. 30 Minuten in den Kühlschrank legen. Rosinen in Wasser einweichen. Äpfel schälen, entkernen und grob raspeln. Die Rosinen ausdrücken und mit den Äpfeln, dem Zucker, dem Zitronensaft, den Haselnüssen, dem Zimt und der Zitronenschale vermischen. Den Backofen auf 180 bis 200 Grad vorheizen und ein Blech mit Backpapier auslegen. Den Mürbeteig auf dem Backblech ausrollen und dabei einen Rand stehen lassen. Die Apfelmischung auf dem Teig verteilen. Aus etwas Restteig ein Gitter formen und auf den Kuchen legen. Nach dem Backen mit erwärmter Marmelade einpinseln und mit Zuckerguss bestreichen. Wie lange der Kuchen backen muss, war nicht in Erfahrung zu bringen. Zitat: »Na ja. So nach Gefühl halt.« Aha.

Der Rucksack macht es möglich

Nun bin ich am Ende meiner Reise angelangt. Einer Reise durch mein neues Leben mit einzelnen Ausflügen in das alte. Herausgekommen sind Geschichten vom Überleben. Ob mich diese jemals auf das Sofa einer Talkshow führen? Wer weiß. Aber das ist mir jetzt auch wirklich, wirklich egal. Dieses merkwürdige Ziel, dieser Motor, hat im Laufe des Schreibens völlig an Bedeutung verloren. Es ist nicht mehr wichtig. Aber wenn es mir mit diesen Geschichten gelingen sollte, nur einem Menschen, der sich in einem ungewollten Leben wiederfindet, Mut zum Überleben zu machen, hat es sich gelohnt. Das ist meine Botschaft: Überleben. Und ich hoffe, jemand hört sie. Ich bin mir dabei meiner Privilegien bewusst und ich weiß, dass es keine Patentrezepte gibt. Außer Mut vielleicht.

Das, was ich erlebt habe im April 2009, werde ich nie vergessen. Es ist der Rucksack, den ich fortan mit mir herumtrage. Wie schwer und voll der Rucksack ist, liegt an mir. Zurzeit ist noch ziemlich viel drin: Erinnerungen, schlechte, aber auch gute, zwei Leben, ein altes und ein neues, jede Menge Survival-Equipment. Und viel überflüssiger Ballast in den Seitentaschen, von dem ich mich noch nicht trennen mag. Noch nicht trennen kann.

An mir liegt es nun, einen Weg in meinem neuen Leben zu finden, der mit diesem Rucksack zu bewältigen ist – nicht zu steil, nicht zu holprig, nicht durch zu unwegsames Gelände. Es wird Abschnitte auf dem Weg geben, die ich nur sehr langsam beschreiten kann, Umwege und Rückschritte inbegriffen. Und noch oft werde ich jede helfende Hand benötigen, die mir gereicht wird. Aber aufhören zu gehen? Niemals. Nur die Trennung zwischen altem und neuem Leben möchte ich irgendwann nicht mehr denken und fühlen müssen. Das wünsche ich mir wirklich sehr. Mein Ziel ist es, einfach sagen zu können: Mein Leben.

Bis dahin muss ich aber noch eine Weile laufen, die *Onkelz* im Ohr:

Nichts hat Bestand, nicht mal das Leid, und selbst die größte Scheiße geht mal vorbei. Lass es zu, dass die Zeit sich um dich kümmert, hör mir zu, mach es nicht noch schlimmer, denn es gibt 'nen neuen Morgen, 'nen neuen Tag, ein neues Jahr. Der Schmerz hat dich belogen, nichts ist für immer da.

Epilog

In meinem früheren Dienstzimmer hingen zwei kleine Drucke von Emil Nolde. Nordseehimmel, kräftige Farben. Leidenschaft. »Bauernhof« heißt das eine, »Dampfer auf See« das andere. Gerahmte Postkarten aus der Kunsthalle Emden. Nichts Besonderes.

In den Stunden, als ich mein altes Leben verlor, habe ich diese Bilder fixiert und mich gefragt, ob ich das Meer jemals wiedersehen werde. Ich habe es wiedergesehen. Überlebensbilder. Die einzigen Stücke aus dem Niemandsland zwischen altem und neuem Leben, die ich behalten möchte und auch muss. In meinem neuen Leben hängen sie im Bad.

Das Foto meines Mannes, das nicht umgekippt ist, als die Jalousie daraufkrachte, liegt heute in einem Pappkarton. Zusammen mit anderen Büroutensilien. Mit Kugelschreibern, Merkzetteln, Visitenkarten, Büchern. Was sich im Laufe der Jahre halt so ansammelt.

Manchmal, an sehr guten Tagen, krame ich in den Kartons, die mein altes Leben enthalten. Die in der Ecke stehen und warten. Auf was auch immer.

Beim Herumstöbern fällt mir hin und wieder das Foto in die Hände. Das Foto in dem schmalen Holzrahmen. Ich werde es nie wieder irgendwo hinstellen. Den täglichen Anblick könnte ich nicht ertragen. Aber immer, wenn ich es ansehe, denke ich:

Danke.

Ein Jahr später

Danke.

Es ist jetzt ungefähr ein Jahr her, dass ich meine Geschichten vom Überleben mit diesem Wort abgeschlossen habe. Zwischenzeitlich ist aus dem, was anfänglich nur eine vage Idee war, ein Manuskript geworden, aus dem Manuskript sind Satzfahnen entstanden, aus den Satzfahnen schließlich ein richtiges Buch. Maßgeblich begleitet hat diesen Prozess meine Lektorin Heike Hermann. Ihr dafür an dieser Stelle zu danken, käme mir zu schlicht und zu einfallslos vor. Stattdessen: Mast- und Schotbruch, Frau Hermann. Und immer eine Handbreit Wasser unterm Kiel.

Was hat sich in diesem Jahr noch getan? Nun, meinen Rucksack trage ich weiter mit mir herum. Er ist leichter geworden. Leer ist er noch lange nicht.

Ich trenne immer noch zwischen meinem alten und meinem neuen Leben, aber es tut weniger weh als noch vor einem Jahr: *Lass es zu, dass die Zeit sich um dich kümmert …*

Japanisch lerne ich nicht mehr. Auch mein Maß an sportlichen Aktivitäten hat sich wieder normalisiert. Als Psychologin arbeite ich nicht mehr und ich weiß nicht, ob ich das jemals wieder tun möchte. Auf den Malediven war ich immer noch nicht und wenn sich meine Flugangst nicht bald legt, werde ich deren Atolle wohl auch nicht mehr zu Gesicht bekommen. Besonders tragisch finde ich das eigentlich nicht. Meer ist Meer.

Im Sommer letzten Jahres hat mich dann ein kleines Hundemädchen gefunden und ist auch gleich bei uns eingezogen. Sie heißt Emmi – ein Kompromiss zwischen Emma und Heidi. Emmi weiß und versteht natürlich nichts von einem alten Leben. Trotzdem passt sie auf mich auf.

Und meine sonstigen Pläne?

Leben.

Susanne Preusker im Sommer 2011

Zitatnachweise

S. 16 / S. 183 / S. 187 Ausschnitt aus dem Lied »Nichts ist für immer da« von den Böhsen Onkelz. Text: Stephan Weidner, Copyright Control.

S. 117 © Textauszug aus dem Song »Sleeping Sun« der Gruppe Nightwish. Text und Musik Tuomas Holopainen. Verlag Edition Drakar.

S. 142 Seefahrerweisheit von Thomas Herr, RePa Yachtschule Immenstaad.

S. 150 aus: Dietrich Bonhoeffer, Widerstand und Ergebung © 1998, Gütersloher Verlagshaus, Gütersloh, in der Verlagsgruppe Random House GmbH.

S. 165 aus: Johannes Bours , Der Mensch wird des Weges geführt, den er wählt, Geistliches Lesebuch © Verlag Herder GmbH, Freiburg im Bresigau, 7. Auflage 1996.

Und dann kam Emmi!

Emmi ist ein Kampfhund, aber das weiß sie glücklicherweise nicht.
Sie weiß auch nicht, dass Susanne einmal ein ganz anderes Leben
geführt hat, bevor sie sieben Stunden in der Gewalt eines Sexual-
verbrechers war und sich schwer traumatisiert in einem neuen
Leben wiederfand. Aber Emmi hat Susanne dabei geholfen, wieder
gesund zu werden.
Susanne Preusker erzählt in ihrem neuen Buch die Geschichte von
Susanne und Emmi – und damit von Menschen und ihren Hunden
und von Hunden und ihren Menschen. Das Lesen dieses Buches
macht glücklich! Und am Ende fragt man sich: Wieso werden die
Emmis dieser Welt eigentlich nicht von der Krankenkasse bezahlt?

Um die ganze Welt des
GOLDMANN-*Sachbuch*-Programms
kennenzulernen, besuchen Sie uns doch
im Internet unter:

www.goldmann-verlag.de

Dort können Sie
nach weiteren interessanten Büchern *stöbern*,
Näheres über unsere *Autoren* erfahren,
in *Leseproben* blättern, alle *Termine* zu Lesungen und
Events finden und den *Newsletter* mit interessanten
Neuigkeiten, Gewinnspielen etc. abonnieren.

Ein *Gesamtverzeichnis* aller Goldmann Bücher finden
Sie dort ebenfalls.

Sehen Sie sich auch unsere *Videos* auf YouTube an und
werden Sie ein *Facebook*-Fan des Goldmann Verlags!

www.goldmann-verlag.de
www.facebook.com/goldmannverlag